Michael Freiburghaus

Ergreife Jesus! – Von Jesus ergriffen

Aargauer Predigten 2010 – 2016

Bibelzitate sind der revidierten Elberfelderbibel entnommen:

REVIDIERTE ELBERFELDER BIBEL

© 1985/1991/2006 SCM-VERLAG GMBH & CO.

KG, WITTEN

Mit freundlicher Erlaubnis des Verlages.

Das Titelbild zeigt das Seetal mit Blick auf Meisterschwanden, Seengen, Boniswil und Leutwil. Aufgenommen am 17.07.2016 vom Eichberg aus.

Meinem Mentor und Vorbild Pfr. Philipp Nanz gewidmet, durch den Jesus mich ergriffen hat und ich ihn ergreifen konnte.

Für die reformierten Kirchgemeinden
Villmergen-Wohlen,
Seengen-Boniswil-Hallwil-Egliswil,
Meisterschwanden-Fahrwangen-Sarmenstorf-Bettwil und
Leutwil-Dürrenäsch.

Herstellung und Verlag:
BoD - Books on Demand, Norderstedt
ISBN 978-3-7412-4223-6

Inhaltsverzeichnis

Einleitung 4

1. Gott liebt dich! 5

2. Wer ist Jesus? 13

3. Wer bist du? Wegen Jesus bist du ein Königskind! 20

4. Von der Finsternis zum Licht! 26

5. Welt oder Leben? 34

6. Weihnachten: Fürchte dich nicht! 40

7. Weihnachten: Gott kommt zu uns! 44

8. Karfreitag und Ostern: Jesus starb für uns – Wir leben für ihn! 49

9. Auffahrt: Jesus beendet seinen irdischen Auftrag! 56

10. Pfingsten: Der Heilige Geist kommt! 63

11. Liebe und Wahrheit leben! 69

Schlusswort oder: Wie weiter? 77

Danksagungen 78

Hintergrundinformationen 78

Quellenverzeichnis 79

Verfasser 80

Einleitung

Ergreife Jesus! Dies ist das Wichtigste im Leben! Wenn wir ihn haben, haben wir alles. Ohne ihn haben wir nichts! Dieses Buch lädt mit elf Predigten zum Glauben an Jesus ein, damit der Leser *von Jesus ergriffen* wird.

1. Gott liebt dich!

„So sehr hat Gott die Welt geliebt, dass er seinen eingeborenen Sohn gab, damit jeder, der an ihn glaubt, nicht verloren geht, sondern ewiges Leben hat" (Johannesevangelium 3,16).

Dieser Vers ist gewissermassen die Zusammenfassung der ganzen Bibel., weil in ihm die wichtigsten Begriffe wie Gott, Welt, Sohn, Glauben und Ewiges Leben vorkommen.

Der Vers beginnt mit *„So sehr hat Gott die Welt geliebt..."*

Wer ist nun dieser Gott? Gott ist der Schöpfer des Universums, allgegenwärtig, allwissend, allmächtig, gerecht, heilig, ewig. Er hat das ganze Universum erschaffen. Er hat auch den Menschen geschaffen, dich und mich, um eine seiner wichtigsten Eigenschaften weiterzugeben: Seine Liebe. Gott hat uns Menschen geschaffen, weil er Liebe ist und weil er seine Liebe ausdrücken wollte.

Was ist denn Liebe genau? *„Lieben"* bedeutet für Gott nicht, dass das etwas mit Gefühlen oder Lust zu tun hat, wie das bei uns Menschen der Fall ist, sondern es war seine Entscheidung. Gott hat sich entschieden, *„die Welt"*, das heisst uns Menschen, zu lieben. Ein weiterer Punkt: Gott braucht seine Allmacht, um uns zu dienen. Wie diente Gott uns?

Der Vers sagt weiter: *„So sehr hat Gott die Welt geliebt, dass er seinen eingeborenen Sohn gab."* Gott diente uns durch seinen Sohn Jesus.

„Eingeborener Sohn" bedeutet, dass Jesus einzigartig ist. Jesus ist der Sohn Gottes, der einzige Sohn Gottes! Jesus ist die wichtigste Persönlichkeit, die je gelebt hat! Deswegen ist die Zeitrechnung auch in „vor Christus" und „nach Christus" eingeteilt worden. Aber

was ist das Spezielle an ihm? Schon vor der Geburt ist alles aussergewöhnlich: Er wurde von der Jungfrau Maria geboren. Der allmächtige Gott erniedrigte sich: Er wurde Mensch. Jesus ist der Sohn Gottes und gleichzeitig Menschensohn, doch als Menschensohn immer noch Gott! Mit 30 Jahren ging er an die Öffentlichkeit. Er heilte Kranke, Taube wurden hörend, Blinde sehend, er weckte Tote wieder auf und verkündigte den Armen die frohe Botschaft! Er hat die Gottes- und Menschenliebe, ja sogar die Feindesliebe gepredigt und selber danach gelebt.

Und wen möchte Jesus lieben? Nur die Mächtigen, Reichen und Erfolgreichen? Nein! Der Vers sagt uns, dass Jesus für die *„Welt"*, für jeden, gekommen ist! Jesus war mit den Verachteten zusammen: Mit Abzockern, Aussätzigen, Ausländern und Huren! Jesus sagt: *„Der Menschensohn* [= Jesus] *ist gekommen, zu suchen und zu retten, was verloren ist"* (Lukasevangelium 19,10).

Die Wörter *„Welt"* und *„jeder"* bedeuten, dass wirklich jeder zu Gott umkehren kann. Egal, was er gemacht hat. Die Liebe Gottes ist bedingungslos. Das bedeutet, dass der Mensch nicht zuerst besser oder „frömmer" werden muss, um von Gott geliebt zu werden oder seine Liebe zu verdienen. *„Gott aber erweist seine Liebe zu uns darin, dass* [Jesus] *Christus, als wir noch Sünder waren, für uns gestorben ist"* (Römerbrief 5,8). Dies ist gewaltig! Und was tat Gott für die Welt? Worin zeigte Gott seine Liebe zu uns Menschen ganz konkret? Der Vers sagt es: Er *„gab"* seinen Sohn Jesus *„dahin"*! *So sehr hat Gott die Welt geliebt!* Jesus starb am Kreuz von Golgatha für unsere Schuld! Was Jesus über seinen Tod sagt: *„Denn der Menschensohn* [= Jesus] *ist nicht gekommen, um bedient zu werden, sondern um zu dienen, und sein Leben zu geben als Lösegeld für viele"* (Markusevangelium 10,45).

Warum musste das so brutal sein? Vielleicht hast du den Film von Mel Gibson „Die Passion Christi" gesehen. So blutig! Gab es keine andere Möglichkeit für Gott, um uns seine Liebe und Vergebung zu zeigen? Nein! Das Problem ist, dass Sünde, das heisst das Schlechte, unsere Fehler, das Böse, was wir machen, nicht etwas Nebensächliches und Harmloses ist. Sünde ist, wenn wir in Gedanken, Worten oder Taten gegen eines der Zehn Gebote (2.Mose 20,1-17; 5.Mose 5,6-21) verstossen:

(1.) Keine anderen Götter haben!

(2.) Kein Abbild von Gott machen!

(3.) Name Gottes nicht missbrauchen!

(4.) Sonntag (Sabbat) heiligen!

(5.) Eltern ehren!

(6.) Nicht töten!

(7.) Nicht ehebrechen!

(8.) Nicht stehlen!

(9.) Nicht falsches Zeugnis geben!

(10.) Nicht den Besitz anderer begehren!

Zusammengefasst: Sünde ist, wenn wir die Gottes- oder Menschenliebe verletzen! Sünde trennt uns von Gott, weil Gott heilig und vollkommen, das heisst perfekt ist und wir Menschen dagegen sündig und nicht perfekt sind. Im Alten Testament steht, dass Sünde nur durch Blut vergeben werden kann (vgl. 3.Mose 17,11). Deswegen opferte man früher auch Tiere. Was heisst das für uns: müssen wir heute auch Tiere opfern? Nein! Es gibt eine Voraussage im Alten Testament. Der Prophet Jesaja spricht: „*Doch er* [= der Knecht Gottes] *wurde blutig geschlagen, weil wir Gott die*

Treue gebrochen hatten; wegen unserer Sünden wurde er durchbohrt. Er wurde für uns bestraft - und wir? Wir haben nun Frieden mit Gott! Durch seine Wunden sind wir geheilt" (Jesaja 53,5). Jesus ist dieser Knecht Gottes! Er wurde unser Sündenbock. Doch warum brauchen wir überhaupt ein solches Opfer? Können wir uns nicht irgendwie selber retten? Nein, doch das müssen wir auch gar nicht! Jetzt kommt die Mitte des christlichen Glaubens: Das EVANGELIUM ist die Frohe Botschaft und die Gute Nachricht: Die Liebe Gottes zeigt sich darin, dass er in Jesus Mensch wurde. Jesus ist ganz Mensch und ganz Gott! Er kam auf die Erde, um uns ganz nahe zu sein. Er sucht eine Beziehung mit uns. Am Kreuz hat Gott unsere Sünde auf den sündlosen Jesus geladen. Als Jesus starb, starb mit ihm auch unsere Sünde. Die Geschichte ist hier noch nicht fertig. Am dritten Tag ist Jesus von den Toten auferstanden. Das Grab ist leer! Jesus lebt heute! Deshalb ist auch für uns ein neues Leben möglich.

„Hierin ist die Liebe: Nicht dass wir Gott geliebt haben, sondern dass er uns geliebt und seinen Sohn [Jesus Christus] *gesandt hat als eine Sühnung für unsere Sünden"* (1.Johannesbrief 4,10).

Aber wie erhalte ich dieses neue Leben, das durch die Kreuzigung und Auferstehung von Jesus möglich wurde? Jesus spricht: *„damit jeder, der an ihn glaubt […] ewiges Leben hat."* Durch den *Glauben* an Jesus erhalten wir dieses neue Leben! Bei einigen von euch werden jetzt wohl alle Alarmglocken läuten, weil ich von „*Glauben*" rede. Die landläufige Meinung (auch in den Medien) lautet so: Glaube ist gefährlich und führt nur zu Intoleranz, Fanatismus, Gewalt und Hass! Doch der christliche Glaube ist gerade das Gegenteil. Es geht in ihm um Liebe, Respekt, Toleranz und Mündigkeit. Der Unterschied des christlichen Glaubens zu allen Religionen, Philosophien, Sekten oder der Esoterik ist das EVANGELIUM! Religionen sagen: du musst/du sollst! Man muss immer etwas tun, um errettet zu werden! Zum Beispiel gute Taten vollbringen. Jesus verspricht uns hingegen: Du darfst! Du darfst glauben und dich ganz auf die Liebe Gottes verlassen! Alles ist kostenlos! Es ist das Geschenk von Gott an uns. Mit einem alten Wort ausgedrückt: Gnade! Mit einem juristischen Begriff ausgedrückt: Rechtfertigung des Gottlosen allein aus Glaube!

Was heisst Glaube im Christentum? Glauben ist eine Beziehung mit Jesus. Der Glaube – diese Beziehung – will im Alltag Fuss fassen und gelebt werden! Man kann sich Jesus als Vorbild nehmen. Gott selber wird helfen, immer mehr Gottes- und Menschenliebe zu leben und zu verwirklichen! *„Geliebte, wenn Gott uns so geliebt hat, sind auch wir schuldig, einander zu lieben"* (1.Johannesbrief 4,11). Die Auswirkungen des Glaubens sind: *„Liebe, Freude, Frieden, Geduld, Freundlichkeit, Güte, Treue, Besonnenheit, Selbstbeherrschung"* (Galaterbrief 5,22-23). Genau das wollen wir doch! Ein Leben in Liebe und Freude. Was sagt Jesus zu denen, die nicht glauben? Sie gehen *„verloren."* Was bedeutet das? *„Verloren gehen"* bedeutet das ewige Getrenntsein von Gott, also die Hölle. Hoffnungslosigkeit! Ewiges Getrenntsein von unserem Schöpfer, der uns liebt! Aber auch schon im jetzigen Leben: Leben in Sünde, Abhängigkeiten und Süchten. Auswirkungen davon sind beispielsweise Zerstörungen von Beziehungen, Sinnlosigkeit und innere Unruhe.

Nun kommt das Finale, der Höhepunkt: *„sondern ewiges Leben hat."* Das ewige Leben ist der Gegensatz zum *„verloren gehen."* Es ist der Himmel, das Paradies. Das Anschauen Gottes für immer und ewig. Doch dies ist keine billige Vertröstung auf ein besseres Jenseits. Gott bietet uns hier und heute, genau JETZT, ein neues Leben an: *„sondern ewiges Leben HAT"* Der Glaubende bekommt dieses neue ewige Leben! Jesus will uns nicht den Spass verderben! Er will uns *„die Fülle"* schenken (Johannesevangelium 10,10). Das bedeutet: die Erfüllung. Er will den Grund unseres Lebens werden. Er will uns eine Freude geben, die von Innen kommt! Alle Menschen haben einen Hunger nach Leben: Wir wollen es auskosten bis zum letzten Stück. Doch die Oberflächlichkeit unserer Gesellschaft kann die innere Sehnsucht niemals stillen. Konsum, Genuss, Spass, kurzfristige Kicks welcher Art auch immer können deinen Hunger nach Liebe und einem erfüllten Leben niemals befriedigen. Nur Jesus kann das tun, weil er dich liebt!

Jetzt sagst du vielleicht: Das tönt ja alles gut und recht, aber kann ich diese Liebe Gottes auch wieder verlieren, wenn ich einmal einen Fehler begehe?

Gott verspricht uns: *„Wer wird uns scheiden von der Liebe Christi? Bedrängnis oder Angst oder Verfolgung oder Hungersnot oder Blöße oder Gefahr oder Schwert? Denn ich bin überzeugt, dass weder Tod noch Leben, weder Engel noch Gewalten, weder Gegenwärtiges noch Zukünftiges, noch Mächte, weder Höhe noch Tiefe, noch irgendein anderes Geschöpf uns wird scheiden können von der Liebe Gottes, die in Christus Jesus ist, unserem Herrn"* (Römerbrief 8,35.38-39).

Nun ist die Zeit der Entscheidung: Jesus stellt uns hier vor die Wahl, das Geschenk seiner Liebe anzunehmen. Es gibt drei Möglichkeiten, wie wir Jesus antworten können:

A) Nein!
B) Ja, aber/Vielleicht/Ich brauche noch mehr Informationen!
C) Ja!

A) „Nein, Jesus, ich brauche dich nicht! Mein Leben ist auch ohne dich glücklich." Jesus respektiert deine Entscheidung, er drängt sich niemandem auf. Doch ich möchte nochmals darauf hinweisen, dass Jesus dir ein erfülltes Leben schenken möchte, nicht nur ein glückliches. Er will dich auch nicht einengen, sondern dich befreien vom Schlechten.

B) „Ja, aber/Vielleicht/Ich brauche noch mehr Informationen!" Jesus sagt selber, dass man es sich gut überlegen soll, ob man ihm nachfolgen will. Denn das ganze Leben wird sich verändern und zwar in allen Bereichen. Aber zum Guten. Die Entscheidung für Jesus ist die wichtigste im Leben und sollte gut überlegt sein. Es besteht allerdings die Gefahr, dass man diese Entscheidung auf die lange Bank schiebt. Man denkt: „Später, wenn ich pensioniert oder im Altersheim bin, habe ich sicher Zeit, um über Gott und die Welt nachzudenken." Doch Gott möchte unser Leben hier und jetzt bereichern und verändern!

Wenn man mehr Informationen braucht: Es gibt verschiedene Wege, sich mit dem christlichen Glauben zu beschäftigen:

a) Eine gute Möglichkeit ist sicher, selber in der Bibel zu lesen, zum Beispiel ein Evangelium (Geschichte von Jesus). Warum gerade die Bibel? Die Bibel ist das Wort Gottes. Wenn man darin liest, kann Gott zu uns sprechen und uns seinen Willen mitteilen. Man kann auch mit Gott reden. Dem sagt man beten. Gott erhört uns. Er wird antworten, entweder durch Menschen, die Bibel oder direkt, das heisst so, dass man sich von Gott geleitet weiss (übernatürliche Eingebung).

b) Eine weitere Möglichkeit besteht darin, mit Menschen zu reden, die schon an Jesus glauben. Sie können von ihren Erfahrungen berichten, die sie schon mit Jesus erlebt haben.

C) „Ja zu Jesus." Wenn du neu eine Beziehung mit Jesus eingehen willst, dann lade ich dich ein, leise für dich folgendes Gebet zu beten: „Herr Jesus, es tut mir leid, dass ich bis jetzt ohne dich gelebt habe. Danke, dass du für meine Sünden gestorben bist und für mein neues Leben auferstanden bist. Bitte komm in mein Leben und leite mich. Amen." Wenn du dieses Gebet mit aufrichtigem Herzen gebetet hast oder beten wirst, kannst du gewiss sein, dass Jesus in dein Herz kommt, du ewiges Leben hast und Jesus dein Leben verändern wird.

Egal, welche Möglichkeit wir gewählt haben, Gott respektiert unsere Entscheidung. Doch wir müssen die Konsequenzen tragen.

Zum Schluss fasse ich das Allerwichtigste nochmals zusammen: Das EVANGELIUM bedeutet: die Liebe Gottes ist bedingungslos! Gott liebt alle Menschen und hat uns darum seinen Sohn Jesus geschickt. Gott hat unsere Sünde auf Jesus gelegt. Er starb am Kreuz, um unsere Schuld zu vernichten. Am dritten Tage ist er auferstanden und lebt heute und in Ewigkeit. Jesus bietet uns heute die Möglichkeit, sich für ihn zu entscheiden. Gott liebt dich! Welche Antwort gibst du ihm?

Fragen zum Nachdenken und Diskutieren

A) Im Johannesevangelium Kapitel 3 erfährst du den ganzen Zusammenhang dieses Verses.

B) Hast du Jesus in deinem Leben bereits ergriffen? Wann? Falls nicht: Was hindert dich daran?

2. Wer ist Jesus?

„Und es treten zu ihm Jakobus und Johannes, die Söhne des Zebedäus, und sagen zu ihm: Lehrer, wir wollen, dass du uns tust, um was wir dich bitten werden. Er aber sprach zu ihnen: Was wollt ihr, dass ich euch tun soll? Sie aber sprachen zu ihm: Gib uns, dass wir einer zu deiner Rechten und einer zu deiner Linken sitzen in deiner Herrlichkeit! Jesus aber sprach zu ihnen: Ihr wisst nicht, um was ihr bittet. Könnt ihr den Kelch trinken, den ich trinke, oder mit der Taufe getauft werden, mit der ich getauft werde? Sie aber sprachen zu ihm: Wir können es. Jesus aber sprach zu ihnen: Den Kelch, den ich trinke, werdet ihr trinken, und mit der Taufe, mit der ich getauft werde, werdet ihr getauft werden; aber das Sitzen zu meiner Rechten oder Linken zu vergeben, steht nicht bei mir, sondern ist für die, denen es bereitet ist. Und als die Zehn es hörten, fingen sie an, unwillig zu werden über Jakobus und Johannes. Und Jesus rief sie zu sich und spricht zu ihnen: Ihr wisst, dass die, welche als Regenten der Nationen gelten, sie beherrschen und ihre Großen Gewalt gegen sie üben. So aber ist es nicht unter euch; sondern wer unter euch groß werden will, soll euer Diener sein; und wer von euch der Erste sein will, soll aller Sklave sein. Denn auch der Sohn des Menschen ist nicht gekommen, um bedient zu werden, sondern um zu dienen und sein Leben zu geben als Lösegeld für viele" (Markusevangelium 10,35-45).

2.1 Einstieg
Stelle dir vor, du erhälst einen Blankoscheck von Gott. Was würdest du darauf eintragen? Du hast einen Wunsch frei, wie würde der lauten? Würdest du dir ein neues Haus wünschen? Oder ein Auto? Eine Traumreise um die ganze weite Welt?

2.2 Historische Einbettung

Die beiden Jünger Jakobus und Johannes bitten Jesus um einen Blankoscheck. Jakobus und Johannes waren zwei Jünger von Jesus, die mit zehn anderen Männern etwa drei Jahre lang mit Jesus unterwegs waren und viele Dinge erlebt haben. Diese zwei Männer gingen zu Jesus und fragten ihn: *„Lehrer, wir wollen, dass du uns tust, um was wir dich bitten werden."* Ungeheuerlich! Sie wollten von Jesus einen Blankoscheck erhalten. Quasi eine Generalvollmacht, dass Jesus ihnen jeden Wunsch erfüllt. Jesus steigt aber nicht auf ihre Forderungen ein. Er fragt nach und will den Inhalt erfahren.

Jesus antwortete ihnen: *„Was wollt ihr, dass ich euch tun soll?"* Danach erklärten sie ihm: *„Gib uns, dass wir einer zu deiner Rechten und einer zu deiner Linken sitzen in deiner Herrlichkeit!"* Sie wollten die Ersten und die Besten sein im neuen Reich von Jesus. Dass die zwei Jünger sich so einen ungeheuren Vorzug gegenüber den andern erhaschen wollten, löste Widerstand und Unmut unter den anderen zehn Jüngern aus. Natürlich wurden die anderen zehn Jünger wütend auf Jakobus und Johannes. Hier sehen wir, dass die Jünger untereinander eine Rivalität hatten. Darum rief Jesus alle zwölf zusammen und erklärte ihnen: *„Ihr wisst, dass die, welche als Regenten der Nationen gelten, sie beherrschen und ihre Grossen Gewalt gegen sie üben. So aber ist es nicht unter euch; sondern wer unter euch gross werden will, soll euer Diener sein; und wer von euch der Erste sein will, soll aller Sklave sein."* In der heutigen Gesellschaft lehrt man von Kindsbeinen an, dass man sich mit Ellbogen sein Recht durchsetzen soll. Sei es in der Politik oder am Arbeitsplatz, in der Familie und sogar in der Kirche. Doch Jesus fordert uns zum Umdenken auf: Er erwartet von seinen Nachfolgern, dass wir einander dienen.

2.3 Wer ist Jesus?

Wer ist Jesus, der von sich sagt: *„Ich bin nicht gekommen um bedient zu werden, sondern um zu dienen"*? Worin unterscheidet er sich von andern einflussreichen Personen? Jesus ist uns ein Vorbild, indem er auch Sklavenarbeit machte wie beispielsweise seinen Jüngern die Füsse zu waschen (vgl. Johannesevangelium 13). Jesus war sehr demütig. Er benahm sich nie wie ein König, sondern immer wie ein Diener. Aber nicht ein Diener der Menschen, sondern er war der Knecht Gottes. Jesus war so demütig, dass er selten von sich als dem Sohn Gottes sprach, sondern mit dem Begriff *„Sohn des Menschen"* von sich redet. Das ist ein ungewöhnlicher Begriff, der auf das Alte Testament (vgl. Daniel 7,13) zurückgeht. Er bedeutet, dass Jesus ganz Mensch war: Er ass, trank, schlief usw. wie wir.

Wenn Jesus nicht gekommen ist, *„um bedient zu werden"* – wofür ist Jesus dann gekommen? Er ist gekommen, *„um zu dienen."* Das bedeutet: er kam, um Menschen zu helfen und zu heilen. An einer anderen Stelle in der Bibel heisst es: *„Denn der Sohn des Menschen ist gekommen, zu suchen und zu retten, was verloren ist"* (Lukasevangelium 19,10). Jesus war mit den unterschiedlichsten Menschen zusammen: Er hat eine Ehebrecherin vor der Steinigung bewahrt (vgl. Johannesevangelium 8,1-11), einer Prostituierten ihre Sünden vergeben und ihr dadurch ein neues Leben ermöglicht, dem Abzocker Zachäus eine neue Sicht auf Geld geschenkt (vgl. Lukasevangelium 19,1-10), die Tochter eines römischen Offiziers geheilt, einen Leprakranken von seinem Aussatz geheilt, aber Jesus hatte auch mit den damaligen politischen und religiösen Führern Kontakt (vgl. Matthäusevangelium 23). Jesus war für alle Menschen da.

Jesus spricht: *„Ich bin in dem Namen meines Vaters gekommen"* (Johannesevangelium 5,43). Das bedeutet, dass Gott, der Vater, seinen Sohn Jesus in diese Welt geschickt hat. Gott steht hinter Jesus und bestätigt seine Taten.

Jesus spricht: *„Ich bin als Licht in die Welt gekommen, damit jeder, der an mich glaubt, nicht in der Finsternis bleibe; und wenn jemand meine Worte hört und nicht befolgt, so richte ich ihn nicht, denn ich bin nicht gekommen, dass ich die Welt richte, sondern dass ich die Welt rette"* (Johannesevangelium 12,46-47). Zudem sagt er: *„Ich bin gekommen, damit sie* [= meine Jünger] *Leben haben und es in Überfluss haben"* (Johannesevangelium 10,10b). Ich deute aus diesen Bibelstellen, dass Jesus nicht gekommen ist, um uns etwas Schönes wegzunehmen oder um uns den Spass zu verderben, sondern im Gegenteil, um uns erst ein Leben zu ermöglichen, das unsere tiefste Sehnsucht stillt und mit Freude erfüllt. Und um uns die Liebe Gottes zu bringen. Doch dies ist nicht umsonst. Es hat Jesus sehr viel gekostet. Er musste sich dafür als „*Lösegeld*" geben.

2.4 Das Evangelium: Die frohe Botschaft

Was bedeutet das Wort „*Lösegeld*"? Es bedeutete ursprünglich das Geld, das ein reicher Herr zahlen musste, um einen Gefangenen aus der Knechtschaft loszukaufen, d.h. zu befreien. Der ehemals Gefangene wurde zwar frei, gehörte nun aber einem anderen Herrn. Auch heute noch verwenden wir den Begriff „*Lösegeld*." Erst vor zwei Wochen wurden zwei französische Journalisten aus der Geiselhaft befreit in Afghanistan. Ob den Taliban Lösegeld bezahlt wurde, ist noch unklar...

Von Gott befreit zu werden bedeutet, nicht mehr sich selbst oder dem alten Herrn zu gehören, sondern nun ganz Gott zu gehören! Ein Geheimnis des christlichen Glaubens: Je abhängiger du von Gott bist, desto freier bist du. Dies ist von aussen, von der Zuschauertribüne aus, unvorstellbar. Man muss es selber erleben.

Wie ist Jesus unser „*Lösegeld*" geworden? Am wichtigsten sind die Ereignisse der Kreuzigung und der Auferstehung von Jesus. Er wurde wie ein Verbrecher an einem Kreuz hingerichtet, obwohl er nie etwas Schlechtes getan hat. Die Frage stellt sich: Was hat solch ein schlechtes und schlimmes Ereignis wie die Kreuzigung vor 2000 Jahren mit uns heute zu tun? Das EVANGELIUM, die frohe Botschaft und gute Nachricht bedeutet, dass Gott am Karfreitag im Jahr 30 n.Chr. auf dem Hügel Golgatha vor Jerusalem alle unsere Sünden und Schuld auf den fehlerlosen und sündlosen Jesus lud. Als Jesus starb, starb auch unsere Schuld. Was ist Sünde? Heutzutage gibt es die Begriffe: Verkehrssünder, Abfallsünder, Dopingsünder usw. Vielleicht denkst du deswegen, dass du gar kein Sünder bist, weil du im Strassenverkehr nie zu schnell fährst, nie Doping genommen hast und immer den Abfall trennst. Du denkst vielleicht: „Ich bin ein guter Mensch: Ich habe ja noch nie jemanden umgebracht oder etwas gestohlen oder so!" Wenn die Bibel von Sünde spricht, meint sie:

A) Zuallererst das Abgeschnittensein von Gott. Sünde meint Zielverfehlung. Wir verfehlen unser Ziel, mit Gott Gemeinschaft zu haben. Sünde ist die Trennung von Gott, die unterbrochene und gestörte Beziehung. Du steckst in einem Funkloch, hast keinen Draht zu Gott.

B) dann alles, was wir tun, obwohl wir genau wissen, dass es nicht in Ordnung ist: „*Alle Ungerechtigkeit ist Sünde*" (1. Johannesbrief 5,17).

C) Sünde ist alles, was wir unterlassen, obwohl wir wissen, dass wir es eigentlich tun sollten: „*Wer Gutes tun könnte und tut es nicht, dem ist es Sünde*" (Jakobusbrief 4,17).

D) Sünde ist alles, was nicht aus Glauben getan wird. „*Alles, was nicht aus Glauben getan wird, ist Sünde*" (Römerbrief 14,23).

E) Sünde ist alles, was gegen die Zehn Gebote und die Gottes-, Nächsten- und Selbstliebe verstösst.

Zusammengefasst heisst das, dass jeder Mensch, du und ich, leider Sünder sind und Gottes Vergebung brauchen (vgl. 1.Mose 6,5; 1.Mose 8,21; Matthäusevangelium 7,11; Johannesevangelium 3,19; Römerbrief 3,23-24).

Vielleicht denkst du jetzt: Das ist doch eine Frechheit! Ich habe extra dieses Buch gekauft und jetzt erfahre ich, dass ich ein Sünder bin! Gott hat also alle unsere Schuld und Sünde auf Jesus gelegt am Karfreitag. Jesus ist eben nicht nur der *„Sohn des Menschen"*, sondern auch der Sohn Gottes, der die Sünde der Welt trägt. Doch Gott erweckte Jesus am Ostersonntag, am dritten Tag, wieder zu neuem Leben. Er ist auferstanden und lebt heute! Deshalb können auch wir ein neues Leben erhalten, das heisst, mit Gott einen Neustart machen. Nimmt Jesus unsere Sünde auf sich, so holt er uns aus dem Funkloch heraus. Er versöhnt uns mit Gott. Er macht uns ihm angenehm.

Diese Freiheit, die Gott uns schenkt, hat zwei Seiten:
A) Freiheit VON: dem Bösen, Altlasten, Abhängigkeiten, Sünde, Süchten, Depressionen, Angst, Tod.
B) Freiheit FÜR: Dienen, für ein neues Leben, Hoffnung, Liebe, Freude, eine Beziehung mit dem lebendigen Gott.

2.5 Entscheidung

Was bedeutet es, dass Jesus sein Leben gab als Lösegeld *„für viele"*? Das hat mich beschäftigt. Warum heisst es nicht „für alle"? Gott ist nicht ungerecht. Er sandte Jesus für alle Menschen. An einer anderen Stelle in der Bibel heisst es: *„…unser Retter-Gott, welcher will, dass alle Menschen gerettet werden und zur Erkenntnis der Wahrheit kommen. Denn einer ist Gott, und einer ist Mittler zwischen Gott und Menschen, der Mensch Christus Jesus, der sich selbst als Lösegeld für alle gab"* (1.Timotheusbrief 2,3-6).
Gott will zwar, dass alle Menschen errettet werden, aber er zwingt niemanden, weil Liebe nie jemanden zwingt. Gottes Liebe hat mit

Zwang oder Druck nichts zu tun. Gott will zwar jeden Menschen erretten, doch er zwingt uns nicht, sein Angebot der Rettung auch anzunehmen.

Nun stellt sich die Frage, wie du ganz persönlich zu Jesus stehst. Er hat alles für dich gegeben. Theoretisch kannst du auch in deiner Gefangenschaft bleiben und dich nicht von Gott befreien lassen.

Mit einem einfachen Gebet kannst du Jesus in dein Leben einladen: „Ich bekenne, dass ich ein Sünder bin, und ich glaube, dass der Herr Jesus Christus für meine Sünden am Kreuz gestorben und zu meiner Rechtfertigung [= für mein neues Leben, für meine Freiheit] auferstanden ist. Ich nehme ihn jetzt an und bekenne Ihn als meinen persönlichen Erretter" (Gebet in den Gideonbibeln).

Wenn du so oder ähnlich betest, dann vergibt dir Gott alle deine Sünden, Fehler und Schuld. Denn er verspricht: *„Jeder, der den Namen des Herrn [Jesus Christus] anruft, wird errettet werden!"* (Joel 3,5; Apostelgeschichte 2,21; Römerbrief 10,13).

Gott bietet allen Menschen seine Liebe an. Diese zeigt er uns durch Jesus. Doch wie ein Mann zehn Jahre lang um eine Frau werben könnte, irgendwann muss sie sich entscheiden, ob sie ihn heiraten will. Ebenso müssen wir uns irgendwann in unserem Leben entscheiden, ob wir an Jesus glauben wollen oder nicht.

Jesus verspricht uns: *„Siehe, ich stehe an der Tür und klopfe an; wenn jemand meine Stimme hört und die Tür öffnet, zu dem werde ich hineingehen und mit ihm essen und er mit mir"* (Offenbarung 3,20). Jesus klopft an die Türe unsrer Herzen und wartet, ob wir ihm öffnen. Jesus bietet uns zwar keinen Blankoscheck an für vergängliche Dinge wie Geld, Haus, Auto oder eine Weltreise, sondern für die Vergebung unserer Sünden und Schuld und die Versöhnung mit Gott. Dies ist ein ewiges Geschenk, weil es auch nach dem Tod gültig ist.

Mein Vorschlag ist, dass du dir in der nächsten Woche einmal Zeit nimmst und beginnst, in einem Evangelium zu lesen. Ein

Evangelium ist ein Bericht über das Leben von Jesus im Neuen Testament. Du kannst dabei beten: „Bitte Jesus, rede zu mir! Ich zweifle zwar noch ein bisschen, aber ich lege dir auch meine Zweifel hin. Amen." Durch die Bibel wird Gott zu dir sprechen. So kannst du Jesus besser kennen lernen.

Fragen zum Nachdenken und Diskutieren
A) Gott ist grösser als unsere Zweifel. Er erträgt es, wenn du ihm ehrlich deine Einwände nennst, warum du (noch) nicht an ihn glauben kannst.

B) Von welcher Last soll Jesus dich befreien?

3. Wer bist du? Wegen Jesus bist du ein Königskind!
Jetzt möchte ich dich auf eine Reise mitnehmen mit den Weisen aus dem Morgenland. Die Weisen aus dem Morgenland sind wahrscheinlich Sterndeuter von Babylon im heutigen Irak. Sie reisen also von Babylon nach Bethlehem, eine Strecke von 800 km. Ein Stern führt sie. Sie sind mehrere Wochen unterwegs gewesen. Deswegen wird der Dreikönigstag auch nach Weihnachten gefeiert. Die Sterndeuter sind gebildet und reich und bringen dem Jesuskind Gold, Weihrauch und Myrrhe, sehr wertvolle Geschenke. Doch nicht nur die Sterndeuter sind an der Krippe, sondern auch die armen Hirten. Jesus vereint also Arme und Reiche, Jung und Alt, alle Gesellschaftsschichten. Aber nicht nur das. Die Krippe ist der Ort der Begegnung. Jesus stiftet nicht nur Gemeinschaft zwischen Menschen, sondern auch Gemeinschaft zwischen Gott und Mensch. Wir Schweizer würden wohl dem Jesuskind auch etwas schenken, so grosszügig wären wir. Doch würden wir es auch anbeten, so wie die Sterndeuter es taten? Jetzt fragen wir: Warum beten die Sterndeuter Jesus an? Der Grund dafür: Jesus ist kein normales Kind, das geboren wird. Im Johannesevangelium lesen wir:

„*Im Anfang war das Wort, und das Wort war bei Gott, und das Wort war Gott. Und das Wort wurde Fleisch und zeltete unter uns*" (Johannesevangelium 1,1.14). Das Wort wurde Fleisch! Gott wird Mensch in Jesus. Der Schöpfer wird Geschöpf. Das grösste Geheimnis! „*Christus Jesus, der in Gestalt Gottes war und es nicht für einen Raub hielt, Gott gleich zu sein. Aber er machte sich selbst zu nichts und nahm Knechtsgestalt an, indem er den Menschen gleich geworden ist, und der Gestalt nach wie ein Mensch befunden*" (Philipperbrief 2,6-7). Gott kommt in Jesus zu uns Menschen, weil er uns liebt. Gerhard Teerstegen dichtet: „Gott ist im Fleische. Wer kann dies Geheimnis verstehen? Hier ist die Pforte des Lebens nun offen zu sehen" (RG 404,4). Jesus ist allerdings ein Geheimnis! Ganz Gott und ganz Mensch! Die Sterndeuter haben dies erkannt. Und auch die Jünger von Jesus. Doch nicht alle Menschen, mit denen Jesus zu tun hatte. Einige wohl erst im Nachhinein.

Wir können uns Jesus gar nicht vorstellen! Wir kennen nur das Umgekehrte: Ein Mensch will Gott werden! Das kennen wir aus der Geschichte zur Genüge: die Pharaonen, die sich riesige Pyramiden erbauten. Augustus, der Kaiser, der zur Zeit von Jesus herrschte, Louis XIV., der Sonnenkönig, der von sich sprach: „L'état, c'est moi!" [= Der Staat bin ich!], Napoléon, der ganz Europa einnahm. Die Diktatoren des 20.Jahrhunderts: Hitler, Mussolini, Stalin. Und in jüngster Vergangenheit Kim Jong II, der Diktator von Nordkorea. Fazit: Schon viele Menschen wollten Gott sein, doch erst ein Gott wollte Mensch sein! Erst ein Gott erniedrige sich zu uns auf diese Welt.

Vielleicht denkst du jetzt: das ist ja alles gut und recht. Doch viele haben Mühe, an einen lieben Gott zu glauben, weil sie so viel Leid in der Welt sehen und auch selber Leid erleben müssen. Ich denke, dass das Leid das häufigste Argument gegen den Glauben an Gott darstellt. Deswegen möchte ich näher darauf eingehen. Die Frage stellt sich: Wie kann ein liebender und allmächtiger Gott das Leid, die Ungerechtigkeit und das Böse in der Welt zulassen?

Im Alten Testament gibt es die Geschichte von Hiob: Hiob glaubte an Gott und führte ein gerechtes Leben. Trotzdem liess Gott zu, dass er mehrere „Hiobsbotschaften" erhielt: Er verlor seinen ganzen Besitz (vgl. Hiob 1,14-17), alle seiner Kinder (vgl. Hiob 1,18-19) und schliesslich noch seine Gesundheit: Er bekam Geschwüre (vgl. Hiob 2,7). Er hatte nichts mehr, ausser einer Frau, die ihm zum Selbstmord riet (vgl. Hiob 2,9). Auch kein Trost! Hiob fragte Gott: Warum muss ich leiden, obwohl ich an dich glaube und ein gerechtes Leben führe? Gott antwortete nicht direkt auf Hiobs Frage, sondern spricht: Ich bin Gott, der Allmächtige, der Macht hat über das ganze Universum und die ganze Schöpfung (Zusammenfassung von Hiob Kapitel 38-41). Gott liefert also keine billigen Argumente, sondern verweist auf die Beziehung zu ihm.

Wir sehen es auch in der Weihnachtsgeschichte: Der römische Kaiser Augustus herrscht über Judäa, Maria und Joseph finden keinen Platz in der Herberge und müssen das Jesusbaby in eine Futterkrippe legen, Herodes befiehlt einen Kindermord in Jerusalem: Alle Knaben unter zwei Jahren müssen sterben usw. Gott lässt das Leid zu, obwohl er es verhindern könnte!

Das Leid trifft uns existenziell, es beschäftigt uns persönlich. Deswegen werden uns in der Bibel keine einfachen Argumente geliefert, warum Gott uns leiden lässt. Solche Argumente könnten uns gar nicht trösten.

Esther Maria Magnis ist eine junge Frau, die beschreibt, wie sie es erlebt hat, als ihr Vater und ihr Bruder an Krebs starben. Sie schreibt: „Es war in diesen Momenten von Johannes' [= ihres Bruders] Schmerzattacken, als ich anfing, meinem Gott dafür zu danken, dass er sich von den Menschen hat foltern lassen. Dass er selber geschrien hatte. Denn wäre das nicht so gewesen, ich hätte nicht mehr mit ihm sprechen können. Ich hätte vielleicht irgendwie höflich weiter an ihn geglaubt. Aber ich hätte auch gedacht: ,komm erstmal runter aus deinem Himmel. Leide bevor du von uns den Glauben verlangst' – jetzt konnte ich das nicht mehr sagen. Gott hatte schon gelitten" (Gott braucht dich nicht. Eine Bekehrung, S. 231). Der Gott der Bibel thront nicht im Himmel, wie die griechischen Philosophen vermuteten, sondern er kommt in Jesus hinunter auf unsere Welt. Er kommt perSÖHNlich zu uns: in seinem Sohn Jesus! Gott leidet in seinem Sohn. Er leidet mit uns und für uns am Kreuz: Jesus *„erniedrigte er sich selbst und wurde gehorsam bis zum Tod, ja, zum Tod am Kreuz"* (Philipperbrief 2,8). Das ist Karfreitag: Jesus stirbt am Kreuz. Warum musste Jesus leiden? *„Jedoch unsere Leiden – er hat sie getragen, und unsere Schmerzen – er hat sie auf sich geladen. Wir aber, wir hielten ihn für bestraft, von Gott geschlagen und niedergebeugt. Doch er war durchbohrt um unserer Vergehen willen, zerschlagen um unserer Sünden willen. Die Strafe lag auf ihm zu unserm Frieden, und durch seine Striemen ist uns Heilung geworden"* (Jesaja 53,4-5). Gott legte alle unsere Sünden und Schuld auf den sündlosen Jesus. Als Jesus starb, wurde auch unsere Sünde vernichtet. Jetzt stellt sich die Frage: Was ist Sünde überhaupt? Sünde heisst: Wir Menschen wollen *„sein wie Gott"* (1.Mose 3,5). Oder: Ich will mein eigener Gott sein. Wir als Schweizer leben in einer Demokratie und haben wohl keine Allmachtsphantasien wie die Diktatoren, die ich vorher erwähnt habe. Dennoch wollen wir von Gott autonom sein. Autonom kommt von autos [= selbst] und nomos [= Gesetz], also selbstgesetzgebend. Wir wollen uns eigene Regeln machen. „Niemand darf mir dreinreden, wie ich zu leben habe, nicht einmal der da oben!" In der Bibel heisst es dazu: *„Wir alle irrten umher wie Schafe, wir wandten uns jeder auf seinen eigenen Weg"* (Jesaja 53,6a). Es geschieht so schnell, dass wir etwas anderes als Gott verehren, zum Beispiel eine Beziehung, oder Geld, oder den Staat, von dem man Heil erwartet, vielleicht die Gesundheit.

Zum Glück geht der Vers noch weiter: *„aber der HERR liess ihn treffen unser aller Schuld"* (Jesaja 53,6b). Jesus zerstörte alle unsere Sünde. Es blieb aber nicht dabei: sondern Jesus ist *„auferweckt worden am dritten Tag"* (1.Korintherbrief 15,4). Weil Gott seinen Sohn Jesus an Ostern, am dritten Tag, zu neuem Leben auferweckte, können auch wir ein neues Leben mit Gott bekommen. Veränderung ist möglich. Was bedeutet das alles für uns? Das EVANGELIUM, die frohe Botschaft und gute Nachricht! Gott verspricht: *„Wenn wir unsere Sünden bekennen, ist er* [= Gott] *treu und gerecht, dass er uns die Sünden vergibt und uns reinigt von jeder Ungerechtigkeit"* (1. Johannesbrief 1,9). Gott vergibt uns unsere Sünden, wenn wir sie ihm bekennen und zu ihm umkehren wollen. Wenn wir von unseren gottlosen Wegen umkehren wollen. Das kann in einem solchen Gebet geschehen: „Lieber Jesus, du siehst, was ich getan habe. Ich ging meinen eigenen Weg ohne dich. Du siehst auch meine bösen Taten. Bitte verzeihe mir. Komm in mein Leben und verändere mich nach deinem Willen! Amen." Gott erhört ehrliche Gebete.

Aber das Schöne ist: Jesus nimmt uns nicht nur das Schlechte und Böse weg, sondern er gibt uns auch das Beste. Gott macht uns das Angebot: *„So viele ihn* [= Jesus] *aber aufnahmen, denen gab er das Recht, Kinder Gottes zu werden, denen, die an seinen Namen glauben"* (Johannesevangelium 1,12). Er schenkt uns seinen Heiligen Geist, der in uns wohnt, wenn wir an Jesus glauben. So können wir ein Leben führen, das Gott gefällt.

Wir Schweizer haben oft ein Problem damit, ein Geschenk anzunehmen. Das ist die andere Seite der Medaille unserer Autonomie. Nicht nur: „Niemand sagt mir etwas!", sondern auch: „Niemand schenkt mir etwas!" Es geht gegen unseren Stolz. Jesus will uns Vergebung unserer Sünden und eine Beziehung mit Gott schenken. Die Sterndeuter erhalten etwas: Nämlich „*sehr grosse Freude*" (Matthäusevangelium 2,10). Gott lädt uns ein, sein grösstes Geschenk JESUS anzunehmen!

Zusammenfassung
A) Weihnachten: Gott wird Mensch! „*Im Anfang war das Wort, und das Wort war bei Gott, und das Wort war Gott. Und das Wort wurde Fleisch und zeltete unter uns*" (Johannesevangelium 1,1.14).
B) Dreikönigstag: Krippe als Ort der Begegnung. Reiche Sterndeuter und arme Hirten beten das Jesuskind an. Überwindung der Gesellschaftsschichten. Gott und Mensch begegnen sich.
C) Karfreitag: Gott leidet perSÖHNlich. „*Denn es hat auch Christus einmal für Sünden gelitten, der Gerechte für die Ungerechten, damit er uns zu Gott führe*" (1.Petrusbrief 3,18a).
D) Ostern: Jesus, der „*auferweckt worden ist am dritten Tag*" (1.Korintherbrief 15,4).
E) Das EVANGELIUM ist das Angebot an uns: „*Wenn wir unsere Sünden bekennen, ist er* [= Gott] *treu und gerecht, dass er uns die Sünden vergibt und uns reinigt von jeder Ungerechtigkeit*" (1. Johannesbrief 1,9). „*So viele ihn* [= Jesus] *aber aufnahmen, denen gab er das Recht, Kinder Gottes zu werden, denen, die an seinen Namen glauben*" (Johannesevangelium 1,12).
Nach der Predigt führte ich ein Interview mit einer Kollegin. Sie konsumierte Drogen und arbeitete als Prostituierte. Plötzlich kam Jesus in ihr Leben und veränderte sie von Grund auf. Nun dient sie Jesus als Missionarin!

Fragen zum Nachdenken und Diskutieren
A) Hast du schon einmal erlebt, wie Jesus unterschiedlichste Menschen miteinander verbunden hat? Falls nicht: Wo könntest du einen solchen Anlass in deiner Nähe besuchen?
B) Kennst du jemanden, der ein krasses Bekehrungserlebnis hatte?

4. Von der Finsternis zum Licht!

„Dies sind meine Worte, die ich zu euch redete, als ich noch bei euch war, dass alles erfüllt werden muss, was über mich geschrieben steht in dem Gesetz Moses und in den Propheten und Psalmen. Dann öffnete er ihnen das Verständnis, damit sie die Schriften verständen, und sprach zu ihnen: So steht geschrieben, und so musste der Christus leiden und am dritten Tagauferstehen aus den Toten und in seinem Namen Buße zur Vergebung der Sünden gepredigt werden allen Nationen, anfangend von Jerusalem. Ihr seid Zeugen hiervon; und siehe, ich sende die Verheißung meines Vaters auf euch. Ihr aber, bleibt in der Stadt, bis ihr bekleidet werdet mit Kraft aus der Höhe!"
(Lukasevangelium 24,44-49).
Jesus erscheint seinen Jüngern nach seiner Auferstehung und isst Fisch mit ihnen. Danach erklärt er ihnen nochmals das Wichtigste. Dieser Text ist sozusagen eine ganze Zusammenfassung der Bibel!

4.1 Vorhersagen im Alten Testament über Jesus

Jesus spricht: *„Dies sind meine Worte, die ich zu euch redete, als ich noch bei euch war, dass alles erfüllt werden muss, was über mich geschrieben steht in dem Gesetz Moses und in den Propheten und Psalmen."* *„Gesetz Moses, Propheten und Psalmen"* ist ein Begriff für das Alte Testament. Jesus ist gekommen, das Alte Testament zu erfüllen und nicht, um es *„aufzulösen"* (Matthäusevangelium 5,17). Wie erfüllte Jesus das Alte Testament? Indem er die Voraussagen erfüllte. Was steht genau im Alten Testament über Jesus? Je ein Beispiel aus dem *„Gesetz Moses, den Propheten und den Psalmen"*!
a) Was steht im Gesetz Moses? *„Einen Propheten wie mich wird dir der HERR, dein Gott, aus deiner Mitte, aus deinen Brüdern,*

erstehen lassen. Auf ihn sollt ihr hören" (5.Mose 18,15). Jesus ist dieser Prophet.
b) Und in den Propheten? *„Denn ein Kind ist uns geboren, ein Sohn uns gegeben, und die Herrschaft ruht auf seiner Schulter; und man nennt seinen Namen: Wunderbarer Ratgeber, starker Gott, Vater der Ewigkeit, Fürst des Friedens"* (Jesaja 9,5). Das Kind ist göttlich, sogar Gott selber, also Jesus!
c) Was steht in den Psalmen? *„Eine Rotte von Übeltätern hat mich umzingelt. Sie haben meine Hände und meine Füße durchgraben"* (Psalm 22,17b). Jesus wurde am Kreuz von Nägeln durchbohrt.
„Dann öffnete er ihnen das Verständnis, damit sie die Schriften verständen." Jesus selber erklärte seinen Jüngern das Alte Testament. *„So steht geschrieben […] und so musste."* Diese beiden Begriffe bedeuten die Autorität des Alten Testaments. Es musste erfüllt werden, was im Alten Testament vorausgesagt wurde. Es war Gottes unabänderlicher Plan. *„So musste der Christus leiden."* Christus ist das griechische Wort für hebräisch „Messias" und bedeutet: der Gesalbte. Gemeint ist der König, der durch Giessen von Öl auf seinen Kopf in sein Amt eingesetzt, also gesalbt, wird. *„So musste der Christus leiden"* Was für ein Widerspruch tut sich hier auf! Ein König, der leiden muss! Wir sind gewohnt, dass Könige herrschen und teilweise ihre Untertanen unterdrücken. Doch Jesus ist ein anderer König: *„Wunderbarer Ratgeber, starker Gott, Vater der Ewigkeit, Fürst des Friedens"* (Jesaja 9,5). Welche Vorhersagen stehen über Jesus im Alten Testament? *„So musste der Christus leiden und am dritten Tag auferstehen aus den Toten."* Also zwei Dinge: A) sein Tod und B) seine Auferstehung.

A) Der Tod des Knechtes des Herrn im Alten Testament
Gott spricht durch Jesaja: *„Denn er [= der Knecht des Herrn] wurde abgeschnitten vom Lande der Lebendigen. Wegen des*

Vergehens seines Volkes hat ihn Strafe getroffen. Und man gab ihm bei Gottlosen sein Grab, aber bei einem Reichen ist er gewesen in seinem Tod, weil er kein Unrecht begangen hat und kein Trug in seinem Mund gewesen ist" (Jesaja 53,8b-9). Gott spricht: *„Aber über das Haus David und über die Bewohnerschaft von Jerusalem gieße ich den Geist der Gnade und des Flehens aus, und sie werden auf mich blicken, den sie durchbohrt haben, und werden über ihn wehklagen, wie man über den einzigen Sohn wehklagt, und werden bitter über ihn weinen, wie man bitter über den Erstgeborenen weint. An jenem Tag wird die Wehklage in Jerusalem groß sein"* (Sacharja 12,10-11a). Dies ist eine ganz spezielle Bibelstelle! Den Juden erschien es als unmöglich, dass Gott *„durchbohrt"* werden konnte. Wer kann es ihnen verübeln? Es ist das grösste Geheimnis!

B) Die Auferstehung des Knechtes des Herrn

Gott spricht durch Jesaja: *„Wenn er* [= der Knecht des Herrn] *sein Leben als Schuldopfer eingesetzt hat* [= gestorben ist]*, wird er Nachkommen sehen, er wird seine Tage verlängern* [= er wird wieder leben]*. Und was dem HERRN gefällt, wird durch seine Hand gelingen. Um der Mühsal seiner Seele willen wird er Frucht sehen, er wird sich sättigen"* (Jesaja 53,10b-11a). Auch seine Auferstehung am dritten Tag ist vorhergesagt: *„Kommt und lasst uns zum HERRN umkehren! Denn er hat zerrissen, er wird uns auch heilen; er hat geschlagen, er wird uns auch verbinden. Er wird uns nach zwei Tagen neu beleben, am dritten Tag uns aufrichten, dass wir vor seinem Angesicht leben"* (Hosea 6,1-2).

Was bedeutet das für uns? *„Und in seinem Namen Buße zur Vergebung der Sünden gepredigt werden allen Nationen, anfangend von Jerusalem."* *„In seinem Namen"* bedeutet im Namen von Jesus. Was macht Jesus so speziell? Jesus ist der Sohn Gottes, der Gott *„im Fleisch"* (1.Timotheusbrief 3,16), ganz Gott und ganz Mensch. Gott zeigt uns IN SEINEM SOHN JESUS seine Liebe.

Dies ist das EVANGELIUM, die gute Nachricht und frohe Botschaft: Gott legte am Karfreitag im Jahr 30 n.Chr. unsere Sünde, das heisst unser Böses, unsere Fehler, alles, was wir falsch gemacht haben, auf den sündlosen Jesus. Der Prophet Jesaja sieht das voraus: *„Jedoch unsere Leiden – er hat sie getragen, und unsere Schmerzen – er hat sie auf sich geladen. Wir aber, wir hielten ihn für bestraft, von Gott geschlagen und niedergebeugt. Doch er war durchbohrt um unserer Vergehen willen, zerschlagen um unserer Sünden willen. Die Strafe lag auf ihm zu unserm Frieden, und durch seine Striemen ist uns Heilung geworden. Wir alle irrten umher wie Schafe, wir wandten uns jeder auf seinen eigenen Weg; aber der HERR ließ ihn treffen unser aller Schuld"* (Jesaja 53,4-6). Jesus nahm freiwillig unsere Sünde auf sich, damit wir von ihr frei und geheilt sein können. Als Jesus starb am Karfreitag, wurde auch unsere Sünde vernichtet. Zum Glück ist die Geschichte noch nicht fertig! An Ostern hat Gott seinen Sohn Jesus von den Toten auferweckt! Jesus lebt heute! Deshalb können auch wir ein neues Leben mit Gott bekommen. Wie geht das genau?

4.2 Wie kehren wir zu Jesus um?
Das EVANGELIUM bedeutet, dass Gott heute zu dir spricht: „Ich liebe dich! Ich will eine Beziehung mit dir führen!" Die Frage stellt sich, wie wir ihm antworten. Jede Beziehung hat einmal einen Anfang. Am Anfang der Beziehung mit Gott steht die Buße. Warum? Weil Gott heilig ist, ewig, allmächtig, fehlerlos, gerecht. Er steht auf der einen Seite. Auf der anderen stehen wir Menschen: sündig, fehlerhaft, ungerecht, begrenzt. Jesus überbrückt durch seinen Tod und seine Auferstehung unsere Sünde. *„Und in seinem Namen Buße zur Vergebung der Sünden gepredigt werden allen Nationen, anfangend von Jerusalem."* Buße ist ein altes Wort. Nicht zu verwechseln mit den Postbussen im Strassenverkehr! Buße tun heisst wortwörtlich „umdenken", also seine

Herzensgesinnung ändern. Es heisst einsehen und Gott eingestehen, dass man ohne Gott gelebt hat. Ein anderes Wort dazu ist Umkehr. Dies bedeutet, dass man umkehren will von seinem Leben ohne Gott und sich zu Gott hinwendet. Bekehrung, man will eine Kehrtwende machen im Leben. Mit einem einfachen Gebet kann man Gott einladen, ins Leben zu kommen. Auch wenn man schon in einer Beziehung mit Gott lebt, kann es nötig sein, Buße zu tun. Martin Luther drückt dies so aus: „Da unser Herr und Meister Jesus Christus spricht 'Tut Buße' usw. (Matth. 4,17), hat er gewollt, daß das ganze Leben der Gläubigen Buße sein soll" (Erste der 95 Thesen von 1517). Busse kann auch heissen, sich neu auszurichten auf Gott. Zu leicht lasse ich mich ablenken vom Wesentlichen, von der Beziehung zu Gott. Deswegen ist es hilfreich, fixe Zeiten im Tagesablauf einzuplanen, wo man betet, beispielsweise am Morgen früh, über den Mittag oder vor dem Schlafengehen.

Wozu führt die Buße? *„Zur Vergebung der Sünden."* Heute streben wir eher nach Glück und familiärer Erfüllung, beruflichen Erfolg usw. Doch Gott sagt uns durch die Bibel, dass das Allerwichtigste ist, dass Gott uns unsere Sünden vergibt und wir dadurch in Frieden mit ihm leben können. Diese Hinwendung zu Gott heisst natürlich nicht, dass von einem auf den anderen Moment alle unsere Probleme verschwinden! Doch Gott ist grösser als unsere Probleme und er hilft uns im Alltag!

Mir ist ganz wichtig: Nur weil ich auf einer Kanzel predige, bin ich nicht besser als die Zuhörer oder die Leser dieses Buches, sondern ich bin auch ein Sünder. Doch mein innerster Wunsch ist es, auf Jesus hinzuweisen, der mein Leben umgestaltet und bereichert hat. Die letzten geschriebenen Worte von Martin Luther waren: „Wir sind Bettler, das ist wahr" (13. Februar 1546, Anhang III A 5. WA 48,241. Ebenso WATR 5,168,35). In diesem Sinne bin ich ein Bettler, der anderen Bettlern zeigt, wo sie frisches Wasser finden können.

"Und in seinem Namen Buße zur Vergebung der Sünden gepredigt werden allen Nationen, anfangend von Jerusalem." *"Gepredigt werden"*: Das EVANGELIUM kommt in Predigten daher: *"Also ist der Glaube aus der Verkündigung, die Verkündigung aber durch das Wort Christi"* (Römerbrief 10,17). *"Gepredigt werden allen Nationen, anfangend von Jerusalem."* Das EVANGELIUM ist keine jüdische Sekte und Jesus ist kein rein jüdischer Messias, sondern die ganze Welt ist hier im Blick! Die Apostelgeschichte, die Fortsetzung des Lukasevangeliums, erzählt die Ereignisse, wie das EVANGELIUM sich ausbreitete vom Provinzstädtchen Jerusalem über Judäa, Samaria bis zur damaligen Welthauptstadt Rom. *"Ihr seid Zeugen hiervon."* Die Jünger von Jesus haben dies alles erlebt respektive werden noch erleben, wie sich das EVANGELIUM ausbreitet. Die Jünger bezeugen die Macht von Jesus.

4.3 Jesus schenkt uns seinen Heiligen Geist!
Nun kommt Jesus zum letzten Punkt: *"Und siehe, ich sende die Verheißung meines Vaters auf euch."* Die *"Verheißung meines Vaters"* ist Gottes Versprechen: Bereits im Alten Testament teilte er den Propheten mit, dass er seinen Heiligen Geist über alle Menschen ausgiessen werde: *"Und ich werde euch ein neues Herz geben und einen neuen Geist in euer Inneres geben"* (Hesekiel 36,26a). *"Ich werde mein Gesetz in ihr Inneres legen und werde es auf ihr Herz schreiben. Und ich werde ihr Gott sein, und sie werden mein Volk sein"* (Jeremia 31,33b).
"Ihr aber, bleibt in der Stadt, bis ihr bekleidet werdet mit Kraft aus der Höhe!" Die Jünger sollen in der Stadt Jerusalem warten, bis *"die Kraft aus der Höhe"*, also der Heilige Geist, auf sie kommt. Dies geschah an Pfingsten im Jahr 30 n.Chr. Seit diesem ersten Pfingstfest gibt es die christliche Kirche. Warum ist es wichtig, regelmässig Gemeinschaft mit anderen Christen zu pflegen? Weil man dadurch das Leben miteinander teilen und Fragen über den

Glauben stellen kann. Der Gottesdienst am Sonntag eignet sich sicher gut dazu. Auch Hauskreise sind eine gute Möglichkeit. Hauskreise sind Treffen, die wöchentlich oder vierzehntäglich bei jemandem zu Hause stattfinden. Dort liest man in der Bibel, redet darüber und betet gemeinsam. So wächst der persönliche Glaube und man ermutigt sich gegenseitig. Was bewirkt der Heilige Geist in uns? Das erste Werk wird uns sicher erstaunen: Er zeigt uns unsere Sünde auf, vor allem unseren „Unglauben" (Johannesevangelium 16,8). Durch die Buße/Bekehrung/Umkehr vergibt uns Gott unsere Sünde. Der zweite Schritt ist, dass uns Gott das Beste schenkt, nämlich seinen Heiligen Geist! *„Daher, wenn jemand in Christus ist, so ist er eine neue Schöpfung; das Alte ist vergangen, siehe, Neues ist geworden"* (2.Korintherbrief 5,17). Durch Jesus werden wir eine neue Kreatur, ein neues Wesen. Wie erhalten wir den Heiligen Geist? Indem wir Gott um ihn bitten in einem einfachen Gebet, beispielsweise: „Lieber Gott, bitte erfülle mich mit deinem Heiligen Geist. Amen." Was bewirkt der Heilige Geist in uns? *„Die Frucht* [= Auswirkung] *des* [Heiligen] *Geistes aber ist: Liebe, Freude, Friede, Langmut, Freundlichkeit, Güte, Treue, Sanftmut, Enthaltsamkeit* [oder: Selbstbeherrschung]" (Galaterbrief 5,22-23a). Wie führen wir ganz konkret ein Leben mit dem Heiligen Geis? Der Heilige Geist spricht auf verschiedene Arten zu uns. Vor allem, wenn wir in der Bibel lesen! Die Bibel ist vom Heiligen Geist „*eingehaucht*" (2.Timotheusbrief 3,16), also „inspiriert." Ich empfehle, jederzeit ein kleines Neues Testament der Gideons dabei zu haben. Sie passen in jede Hosentasche. Ausserdem gibt es die kostenlose Bible-App, die man immer benutzen kann, wenn man ein Smartphone besitzt. Auch empfehlenswert sind Abreisskalender oder die Losungen der Herrnhuter, bei den man jeden Tag einen Vers aus dem Alten und Neuen Testament liest. Das Ziel besteht darin, das Bibellesen irgendwie unkompliziert in den Tagesablauf einzubauen. Im Gebet reden wir mit Gott und durch die Bibel redet Gott in unseren Alltag hinein.

Zusammenfassung

A) Gott verhiess seinen Sohn Jesus schon im Alten Testament: Seine Geburt (Jesaja 7,14; 9,5-6; 11,1), sein Leiden (Jesaja 53), sein stellvertretender (Jesaja 53,4-6) Tod (Jesaja 53,8; Sacharja 12,6), seine Auferstehung (Jesaja 53,11) am dritten Tag (Hosea 6,2) und sein weltweiter Erfolg (Jesaja 49,6; 53,12).

B) Jesus bietet uns einen Neuanfang mit Gott an: Bekehrung, Umkehr, Buße sind die Stichworte dazu. Dies ist das erste Werk, das der Heilige Geist in uns wirkt. Dies ist zwar unangenehm, doch es lohnt sich. Denn:

C) Wenn das Böse weg ist, kann Gott mit seinem Heiligen Geist in das Leben kommen und unser Charakter wird verändert: Wir erhalten immer mehr Liebe, Freude und Frieden.

Vielleicht denkst du jetzt: Das tönt ja alles gut und recht, aber wie Johann Wolfgang von Goethe schon sagte: „Die Botschaft hör' ich wohl, allein mir fehlt der Glaube" (Faust I, 765). Was kann man in einem solchen Fall tun? Gott um den Glauben bitten! Weil der Glaube selber ein Geschenk von Gott ist (vgl. Epheserbrief 2,8). Er kann nicht von Menschen produziert werden. Faszinierend: in der Bibel sagt ein Mann zu Jesus: *„Ich glaube, hilf meinem Unglauben!"* (Markusevangelium 9,24). Vielleicht hast du erkannt, dass Gott mehr für dein Leben bereithält, aber du kannst es noch gar nicht fassen. Dann lade ich dich ein, dies Jesus in einem einfachen und stillen Gebet hinzulegen.

Fragen zum Nachdenken und Diskutieren

A) Wie drückst du gegenüber Gott deine Reue aus?
B) Hast du bereits um den Empfang des Heiligen Geistes gebetet? Psalm 51 kann in beiden Fällen weiterhelfen.

5. Welt oder Leben?

Jesus Christus spricht: *„Denn wer sein Leben retten will, wird es verlieren; wer aber sein Leben verliert um meinetwillen, wird es finden. Denn was wird es einem Menschen nützen, wenn er die ganze Welt gewönne, aber sein Leben einbüßte?"* (Matthäusevangelium 16,25-26a).
Jesus erklärt: *„Denn wer sein Leben retten will, wird er verlieren!"* Wer unter allen Umständen versucht, zu überleben und sich anpasst, der wird untergehen. Jetzt kommt das Spezielle: *„Wer aber sein Leben verliert um meinetwillen, wird es finden!"* Wer sein Leben ganz für Jesus einsetzt und dabei umkommt, der wird das ewige Leben finden. Christen wurden oft getötet und verfolgt. Nicht nur in den ersten Jahrhunderten des Christentums, sondern auch heute noch, momentan in Syrien. Was heisst das: *„um meinetwillen"*? Warum kann Jesus so von sich reden? Weil er eben nicht ein normaler Mensch ist, sondern der Sohn Gottes. Im Markusevangelium heisst es in einer ähnlichen Stelle: *„Wer aber sein Leben verliert um meinetwillen und um des Evangeliums willen, wird es retten"* (Markusevangelium 8,35). *„Um meinetwillen"* und *„um des Evangeliums willen"* werden also gleich verwendet. JESUS IST DAS EVANGELIUM, die gute Nachricht und frohe Botschaft. Jesus spricht: *„Denn was wird es einem Menschen nützen, wenn er die ganze Welt gewönne, aber sein Leben einbüßte?"* Was könnte das bedeuten: *„die ganze Welt"* gewinnen? Der Begriff Welt steht hier für das Umfassende, also das, was die Erde uns anbieten kann. Mir kommen drei Bereiche in den Sinn, die uns sehr faszinieren. SEX, GELD UND MACHT! Vieles auf unserer Welt dreht sich um diese drei Themen.

A) SEX: Es stellt sich die Frage, ob Sex der Sinn des Lebens sein kann. Einige Rockstars und Politiker, die ich hier jedoch nicht namentlich aufzählen werde, hatten schon über 3000 Sexpartner. Am Ende bekannten sie, dass sie innerlich leer sind und dass der Sex ihnen nicht die Liebe und Erfüllung geben konnte, nach der sie sich sehnten.

B) GELD: Vielleicht kennst du das Sprichwort: „Geld macht nicht glücklich – es muss einem auch noch gehören!" Dagegen ist einzuwenden, dass Geld uns nie glücklich machen wird. Einer der reichsten Männer der Welt, der über 300 Milliarden Dollar besass [Schätzung von Forbes], war John Rockefeller, ein Unternehmer aus dem 19. und 20.Jahrhundert, der eine Erdölraffinerie sein Eigentum nannte. Einmal wurde er gefragt, wie viel Geld genug ist. Er erwiderte: „Just a little bit more!" (Noch ein kleines bisschen mehr!). Beweis dafür: Einmal bekannte er: Kennen Sie die einzige Sache, die mir Freude bereitet? Wenn ich sehe, dass meine Dividenden kommen. („Do you know the only thing that gives me pleasure? It's to see my dividends coming in"; Anekdote seines Nachbarn, aufgeschrieben von John Lewis in Cosmopolitan 1908). Doch im Verlauf seines Lebens erkannte er: „Es ist falsch, anzunehmen, dass Menschen mit unglaublichem Reichtum immer glücklich sind" („It is wrong to assume that men of immense wealth are always happy", Aussage in seiner Bibelklasse am 01.04.1905). Auch Geld kann uns nicht glücklich machen.

C) MACHT: Dieser Bereich ist natürlich weit gefasst: Ruhm, Karriere, Erfolg, Anerkennung, Selbstverwirklichung gehört alles dazu. Einige Offiziere wie beispielsweise ich, die Macht über 30 Soldaten hatten, erkannten jedoch, dass auch dies nicht befriedigend ist.

Jesus spricht: *„Denn was wird es einem Menschen nützen, wenn er die ganze Welt gewönne, aber sein Leben einbüßte?"* Welches „Leben" ist hier gemeint? Jesus redet hier vom ewigen Leben. Was ist das? Ist das nicht langweilig, weil es nie aufhört? Nein! Das ewige Leben ist ein anderes Wort in der Bibel für den Himmel. Das ist der Ort, wo Gott wohnt. Die ewige Herrlichkeit.

Augustin fasste alle Aussagen in der Bibel zusammen und sprach von vier Stichworten: Wir werden „Gott feiern, lieben, loben und sehen"! (Vom Gottesstaat 22,30).

a) Wir werden Gott feiern: Der Himmel ist das grösste Fest, das Gott uns bereitet. Es ist Gottes Hochzeit: Für viele von uns war die Hochzeit das grösste Fest im Leben. Gottes Hochzeit ist also das allergrösste Fest. Gott als Bräutigam heiratet seine Braut, d.h. seine Kirche, die Gläubigen (vgl. Offenbarung 19,7+9). Wir werden unsere verstorbenen Verwandten, die auch an Jesus glaubten, wiedersehen und mit ihnen reden. Auch andere Lebewesen werden dort sein: Pflanzen, Tiere und Engel.

b) Wir werden Gott loben: Wir werden Gott singen und spielen, nicht nur mit Harfen, sondern auch mit anderen Instrumenten. Wir werden tausende Anbetungslieder gleichzeitig singen und neue Farben und Formen wahrnehmen. Unvorstellbar!

c) Wir werden Gott lieben und er wird uns lieben: Liebe, Friede, Freude und Harmonie werden nicht mehr aufhören. Weder Tod, noch Trauer noch Schmerz wird es dort geben (vgl. Offenbarung 21,4).

d) Wir werden Gott sehen: Wir werden Gott von Angesicht zu „*Angesicht*" (Offenbarung 22,4) sehen! Dies wird unsere innerste Sehnsucht nach Liebe stillen.

Jetzt stellt sich die alles entscheidende Frage: Wie können wir denn dieses ewige Leben ergreifen? Jesus spricht: „*Wer an den Sohn [Gottes] glaubt, hat ewiges Leben*" (Johannesevangelium 3,36). Glauben heisst: Gott vertrauen und eine Beziehung führen mit ihm.

Durch die Bibel redet Gott mit uns und mit Gebet reden wir mit ihm. Es braucht eine Entscheidung, Jesus zu vertrauen. Mit einem einfachen Gebet können wir Jesus ins Leben einladen.

In Psalm 90 spricht Mose: *„Ehe die Berge geboren waren und du die Erde und die Welt erschaffen hattest, von Ewigkeit zu Ewigkeit bist du, Gott"* (Psalm 90,2). Gott ist also wichtiger als die ganze Welt. *„Du lässt den Menschen zum Staub zurückkehren und sprichst: Kehrt zurück, ihr Menschenkinder!"* (Psalm 90,3). Wir Menschen sind vergänglich. Deshalb ist es umso wichtiger, dass wir die richtigen Entscheidungen im Leben treffen! Gott dagegen ist ewig: *„Denn tausend Jahre sind in deinen Augen wie der gestrige Tag"* (Psalm 90,4a). Dieser Psalm lehrt uns: Der Mensch lebt *„70 oder 80 Jahre"* (Psalm 90,10), also eine begrenzte Zeitspanne. In dieser Zeit muss er sich aber für Jesus entscheiden. Dadurch entscheidet sich, ob er in der Ewigkeit bei ihm sein wird oder nicht. Ich kann es nicht ergründen und auch nicht anders erklären. Es bleibt ein Geheimnis und für unseren Verstand nicht restlos fassbar: Sich im endlichen Leben für das Unendliche entscheiden zu müssen. Wahrscheinlich hat dies mit Gottes Liebe zu tun: Er nimmt unsere Entscheidung sehr ernst. Psalm 90 handelt auch vom Zorn Gottes: *„Denn wir vergehen durch deinen Zorn, und durch deinen Grimm werden wir verstört"* (Psalm 90,7). Auch Jesus spricht vom Zorn Gottes: *„Wer aber dem Sohn [Gottes] nicht gehorcht, wird das Leben nicht sehen, sondern der Zorn Gottes bleibt auf ihm"* (Johannesevangelium 3,36b). Was ist damit gemeint? Der Zorn Gottes bezieht sich auf unsere Sünde! Also das Schlechte und Böse, das wir getan haben. Gott liebt das Gute und hasst das Böse! Oder theologisch ausgedrückt: Gott liebt den Sünder als Person, aber hasst die Sünde als Sache! Deswegen musste Jesus sterben für uns – als Stellvertretung!

Zusammenfassung
Weder 3000 Sexpartner, noch 300 Milliarden Dollar, noch Macht über 30 Menschen wird uns erfüllen und glücklich machen. Jesus spricht: „*Wer an den Sohn* [Gottes] *glaubt, hat ewiges Leben.*" Dieses Kapitel war die Theorie, jetzt werden wir hören, wie dies in der Praxis aussieht!

Interview mit Sebastian Rastberger (gekürzte Version):
- Beschreibe kurz die wichtigsten Stationen in deinem Leben!
- Ich bin in Basel aufgewachsen...
- Wie hat Jesus dich gefunden?
- Jesus erschien mir im Zimmer und sprach: „Ewiges Leben oder ewige Verdammnis: Deine Entscheidung jetzt!" Ich wählte das ewige Leben!
- Wie ging es weiter?
- Ich liess mich im Basler Münster taufen und erlebte Gott.
- Was erlebst du im Netzwerk Basel auf Missions- und Evangelisationseinsätzen auf der Strasse?
- Als mich jemand ins Gesicht schlagen wollte, fuhr der Heilige Geist wie eine Wand dazwischen und beschützte mich. Auch der Angreifer merkte dies. Gott ist auch bei mir in der Not. Trotzdem muss ich manchmal noch Krankheiten erleiden. Nicht alle Gebete werden sofort beantwortet. Wir sind leider noch immer Sünder.
- Wie erlebst du Gott?
- Aktiv. Warmherzig. Offen. Immer wieder neu. Spannend.
- Danke für deine ehrlichen Antworten!
Vielleicht wünschst du dir jetzt auch eine Begegnung mit Gott, wie Sebastian sie erlebte. Ich gönne sie dir von Herzen. Jesus erscheint Moslems oft in Visionen oder in Träumen und spricht zu ihnen: „Lies das Evangelium!" Dann haben solche Moslems eine starke Motivation, sich beispielsweise bei einem Missionar eine Bibel zu besorgen und mehr über Jesus zu erfahren.

Mit anderen Worten ausgedrückt: Gott der Heilige Geist führt unter anderem durch übernatürliche Erlebnisse wie Visionen, Träume und Eindrücke zur Bibel. Der Grund dafür: Die Bibel selber ist vom Heiligen Geist in Auftrag gegeben worden. Warum? Die Bibel ist das Wort Gottes, das schwarz auf weiss vorliegt. In ihr lesen wir: „*Gott ist Liebe*" (1.Johannesbrief 4,8+16) und „*Denn so hat Gott die Welt geliebt, dass er seinen eingeborenen Sohn* [Jesus] *gab, damit jeder, der an ihn glaubt, nicht verloren geht, sondern ewiges Leben hat*" (Johannesevangelium 3,16).

Auch wenn Gott zu dir nicht (oder noch nicht) auf übernatürliche und spektakuläre Art und Weise gesprochen hat, ist das nicht schlimm. Wahrscheinlich hast du eine Bibel zu Hause. Durch die Bibel wird Gott zu dir sprechen. Leise, aber stetig. Es ist hilfreich, bei einem Evangelium zu beginnen, einer Geschichte von Jesus.

Sebastian gibt den Ratschlag, zweimal am Tag das Vater-Unser-Gebet zu beten, beispielsweise am Morgen und am Mittag oder am Abend. So können wir uns auf Gott ausrichten.

Jesus spricht: „*Denn wer sein Leben retten will, wird es verlieren; wer aber sein Leben verliert um meinetwillen, wird es finden. Denn was wird es einem Menschen nützen, wenn er die ganze Welt gewönne, aber sein Leben einbüßte?*" (Matthäusevangelium 16,25-26a). „*Wer an den Sohn* [Gottes Jesus Christus] *glaubt, hat ewiges Leben*" (Johannesevangelium 3,36).

Fragen zum Nachdenken und Diskutieren

A) Was ist dir am Wichtigsten im Leben? Welchen Stellenwert nimmt Gott in deinem Leben ein?

B) Johannes erhascht in Offenbarung 21-22 einen Blick in den Himmel, in die ewige Herrlichkeit. Es lohnt sich, Jesus zu ergreifen!

6. Weihnachten: Fürchte dich nicht!

In diesem Kapitel werden wir gemeinsam die Botschaft des Engels bei der Geburt von Jesus näher betrachten und dabei auf drei Punkte näher eingehen.

6.1 Fürchtet euch nicht!

„*Fürchtet euch nicht!*" spricht der Engel. Die Hirten „*fürchteten sich mit großer Furcht*", als sie den Engel sahen. Uns heute würde es wohl auch so ergehen, jedenfalls mir. Ein Engel, der sonst unsichtbar ist, wird plötzlich sichtbar. Vielleicht fürchten auch wir uns vor der Zukunft oder wenn wir die Nachrichten lesen, sehen oder hören. Mir geht es jedenfalls so, dass ich mir Sorgen mache, wie es mit der Zukunft der Welt weitergeht. Nationen toben gegen Nationen. Die Situation damals war ähnlich wie unsere heute. Es gab verschiedene Herrscher: Augustus, Quirinius, Herodes, die die Menschen teilweise unterdrückten. Doch Gott ist souverän. „Unter einem Souverän (von lateinisch superanus ‚über allem stehend') versteht man den Inhaber der Staatsgewalt" (Wikipediaartikel „Souverän", 24.12.2015). In der Schweiz ist das Volk, also wir, souverän. Doch Gott ist der Souverän über das ganze Universum. Gott steht über allem. Er ist der Inhaber aller Gewalt und Macht. Gott handelt. Er verfolgt seinen Plan. Nichts geschieht, ohne dass Gott es zulässt. Der Gedanke daran, dass Gott allmächtig ist, kann uns Furcht einjagen, weil er „*alles vermag*" (vgl. Hiob 42,2). Doch er spricht durch den Engel: „*Fürchtet euch nicht!*" Gott nimmt unsere Furcht und Angst von uns weg. Deswegen kommt er als kleines Baby zu uns. Wer hat Angst vor einem Baby? Ein kleines Baby ist nicht besonders Furcht einflössend. Gott verwandelt unsere Furcht in Freude! Ein kleines Kind ist der Retter!

6.2 Jesus ist der Retter, Christus und Herrgott!

"Fürchtet euch nicht! Denn siehe, ich verkündige euch große Freude, die für das ganze Volk sein wird. Denn euch ist heute ein [= der] Retter geboren, der ist Christus, der Herr, in Davids Stadt" (Lukasevangelium 2,10-11). Der Engel nennt drei Titel von Jesus: Retter, Christus und Herr.

A) Jesus ist der „*Retter*", der Erlöser und Heiland: Jesus rettet sein Volk und damit auch uns vor dem Bösen, Sünde, Schuld, Angst, Trauer, Ziellosigkeit und vor vielem anderem mehr, was uns belastet.

B) Jesus ist der „*Christus*": Christus ist nicht der Nachname von Jesus, sondern sein Ehrenname. Christus heisst der Gesalbte. Gemeint ist der gesalbte König. Der König wurde damals durch Träufeln von Öl auf seinen Kopf in sein Amt eingesetzt.

C) Jesus ist „*der Herr*": Wenn wir „*Herr*" hören, denken wir vielleicht an unseren Nachbarn Herrn Meier, Müller, Huber oder Gloor. Der liebe Herr Nachbar ist damit aber nicht gemeint. Das Alten Testament nennt Gott mit dem Wort „*Herr*" (griechisch: Kyrios; hebräisch: Adon). „*Herr*" ist ein anderes Wort für Gott. Der Engel spricht hier aus, dass Jesus ganz Gott ist. Fazit dieses Unterpunktes: Jesus ist der Retter, der Heiland der Welt.

6.3 Wie wir zu Menschen des Wohlgefallens werden können

„Und plötzlich war bei dem Engel eine Menge der himmlischen Heerscharen, die Gott lobten und sprachen: Herrlichkeit Gott in der Höhe, und Friede auf Erden in den Menschen des Wohlgefallens!" (Lukasevangelium 2,14). Wie können wir zu „*Menschen des Wohlgefallens*" werden, dass Gott Gefallen an uns hat? Der Engel spricht eben nicht: Frieden auf Erden allen Menschen! Vielleicht hätten wir gerne, das Gottes Liebe wie ein

Tsunami alles überrollt. Aber warum macht Gott das nicht? Gott bedrängt uns nicht. Der Glaube an Jesus ist immer freiwillig. Der Glaube ist kein Zwang. Der Grund dafür ist: Gott liebt uns! Liebe hat nie etwas mit Zwang oder Druck zu tun. Jesus ist das grösste Geschenk, das Gott uns macht. Hier habe ich ein Geschenk mitgebracht. Es ist gross und sieht gut aus. Doch was macht man mit einem Geschenk? Richtig, wir müssen es auspacken! Es nützt nichts, wenn wir es nicht öffnen. In diesem Geschenk hat es Schokolade drin. Wir essen Schokolade und nehmen sie in uns auf. Ebenso müssen wir Jesus in uns aufnehmen, wenn wir ihn in unserem Leben haben wollen. Angelus Silesius, ein Dichter, hat dies erkannt und in einen Vers gebracht: „Wird Christus tausendmal zu Bethlehem gebohrn und nicht in dir; du bleibst noch ewiglich verlohrn" (Der Cherubinische Wandersmann, I,61). Es ist nicht genug, dass Jesus einmal in Bethlehem auf die Welt kam. Jesus muss in uns, in dir und mir geboren werden, wenn wir diese *„grosse Freude"* erhalten wollen! Wie kann dies geschehen? Mit einem einfachen Gebet können wir Jesus in unser Leben aufnehmen. In der Adventszeit kann es schnell geschehen, dass wir Jesus aus den Augen verlieren, vor lauter Geschenke einkaufen, Chrömli (= Kekse) backen, Haus dekorieren und Festessen mit der Familie feiern. Wenn wir Jesus aus den Augen verloren haben, dann ist es gut, wenn wir ihm dies in einem Gebet bekennen und uns wieder neu auf ihn ausrichten. Eine andere gute Möglichkeit dazu ist, eine christliche Schrift zu lesen.

Schluss

Schenken, Shoppen, Stressen
und das feine Weihnachtsessen
lassen uns den wahren Sinn vergessen
und dem Scheine Wert beimessen.
Doch Jesus Christus spricht:
Fürchte dich nicht!
Ich bin der Welt Licht,
das erleuchtet dein Angesicht!
Himmel und Erde werden vergehen,
doch meine Worte bleiben bestehen!

Fragen zum Nachdenken und Diskutieren

A) Inwiefern tröstet es dich, dass Gott souverän ist?

B) Wie und wann ist Jesus in dir geboren? Erzähle jemandem davon.

C) Zum Thema: Fürchtet euch nicht! Lies aus der Bergpredigt Matthäusevangelium 6,19-34.

7. Weihnachten: Gott kommt zu uns!

„Im Anfang war das Wort, und das Wort war bei Gott, und das Wort war Gott. Er kam in das Seine, und die Seinen nahmen ihn nicht an; so viele ihn [= Jesus] *aber aufnahmen, denen gab er* [= Gott] *das Recht, Kinder Gottes zu werden, denen, die an seinen Namen glauben; die nicht aus Geblüt, auch nicht aus dem Willen des Fleisches, auch nicht aus dem Willen des Mannes, sondern aus Gott geboren sind. Und das Wort wurde Fleisch und wohnte unter uns, und wir haben seine Herrlichkeit angeschaut, eine Herrlichkeit als eines Eingeborenen* [Sohnes] *vom Vater, voller Gnade und Wahrheit. – Johannes* [der Täufer] *zeugt von ihm und rief und sprach: Dieser war es, von dem ich sagte: Der nach mir kommt, ist vor mir geworden, denn er war eher als ich. – Denn aus seiner Fülle haben wir alle empfangen, und zwar Gnade um Gnade. Denn das Gesetz wurde durch Mose gegeben; die Gnade und die Wahrheit ist durch Jesus Christus geworden. Niemand hat Gott jemals gesehen; der eingeborene Sohn, der in des Vaters Schoß ist, der hat ihn kundgemacht"* (Johannes 1,1.11-18).

7.1 Gott wird Mensch in Jesus – für dich!

Der erste Punkt handelt von Jesus und was wir in diesem Abschnitt über ihn erfahren:

A) *„Im Anfang war das Wort, und das Wort war bei Gott, und das Wort war Gott. Und das Wort wurde Fleisch und wohnte unter uns."* Jesus war ganz Gott, aber er blieb nicht oben im Himmel, sondern er kommt zu uns auf diese Erde. Er *„wohnte unter uns."* Das Wort dafür bedeutet: Er *„zeltete"* unter uns. Im Alten Testament wohnt Gott zuerst noch nicht in einem Tempel aus Stein, sondern in der Stiftshütte, in einem Zelt! Ein Zelt ist beweglicher als ein fest stehender Tempel. Jesus reiste oft umher, um die Liebe Gottes an möglichst viele Menschen weiterzugeben.

B) Johannes der Täufer sagt etwas Spezielles über Jesus: *„Johannes* [der Täufer] *zeugt von ihm und rief und sprach: Dieser war es, von dem ich sagte: Der nach mir kommt, ist vor mir geworden, denn er war eher als ich."* Jesus spricht an einer anderen Stelle: *„Wahrlich, wahrlich, ich sage euch: Ehe Abraham war, bin ich"* (Johannesevangelium 8,58). Abraham lebte doch 2000 Jahre vor Christus. Wie kann dies sein? Jesus ist vor der Zeit. Er ist ewig, weil er Gott ist.

C) Was wir sonst noch über Jesus in diesem Abschnitt erfahren: *„Niemand hat Gott jemals gesehen; der eingeborene Sohn, der in des Vaters Schoß ist, der hat ihn kundgemacht."* Jesus ist so eng mit Gott in Beziehung, dass er *„in des Vaters Schoß ist."* Gott der Vater ist unsichtbar, aber in Jesus wird Gott für uns sichtbar! Jesus löst eines der grössten Probleme, dass wir Menschen Gott nicht sehen. Der Sehsinn ist für viele Menschen der wichtigste Sinn.

D) *„Wir haben seine Herrlichkeit angeschaut, eine Herrlichkeit als eines Eingeborenen* [Sohnes] *vom Vater, voller Gnade und Wahrheit."* Was ist die Herrlichkeit von Jesus? Ich vermute, dass es sich darauf bezieht, dass Jesus viele Menschen geheilt hat und Wunder gewirkt hat und seine Zeitgenossen dadurch die Herrlichkeit Gottes gesehen haben. Ausserdem haben seine drei engsten Jünger Jakobus, Johannes und Petrus auf dem Berg der Verklärung seine Herrlichkeit gesehen, als sein Gesicht hell leuchtete (vgl. Matthäusevangelium 17,1-13). Nach seinem Tod und seiner Auferstehung ist Jesus vielen seiner Jünger erschienen. Sie haben ihn gesehen. Fazit dieses ersten Punktes: Jesus ist das grösste Wunder. Jesus ist das Wunder aller Wunder, weil er der Gott ist, der zu uns kommt, der mit uns Kontakt haben will, der uns nahe sein will. Jesus ist Gott im Fleisch. Er wird einer von uns.

7.2 Die Bibel: Altes und Neues Testament

Der zweite Punkt handelt davon, was wir in diesem Abschnitt über die Bibel, das Wort Gottes, erfahren. Johannes schreibt etwas Spannendes über das Verhältnis des Alten und Neuen Testamentes. *„Denn aus seiner Fülle haben wir alle empfangen, und zwar Gnade um Gnade. Denn das Gesetz wurde durch Mose gegeben; die Gnade und die Wahrheit ist durch Jesus Christus geworden."* Das Gesetz, die Zehn Gebote, sind abgeschlossen, sie sind *„gegeben."* Doch Jesus löst in uns einen Prozess aus: *„Gnade um Gnade"* und *„Gnade geworden."* Eine Beziehung wächst. Was mir ganz wichtig ist, es ist keine Abwertung des Alten Testaments! Das Alte Testament ist weiterhin Wort Gottes. Die Zehn Gebote sind weiterhin gültig. Die Auflistung der Zehn Gebote siehe Kapitel 1.Gott liebt dich!

Jesus hilft uns auf zwei verschiedene Arten, die Zehn Gebote einzuhalten:

A) Falls wir gegen die Zehn Gebote verstossen, schenkt er uns Vergebung: *„Denn aus seiner Fülle haben wir alle empfangen, und zwar Gnade um Gnade."* Die Vergebung von Jesus bewirkt in uns, dass wir nicht verzweifeln an den Zehn Geboten, sondern von Gott dem Heiligen Geist neue Kraft erhalten.

B) Gott wirkt in uns und verändert sogar unseren Willen, dass wir uns sogar freiwillig an die Zehn Gebote halten wollen. Die Zehn Gebote werden dann nicht mehr eine sture Moral oder ein Gesetz von aussen, sondern eine Motivation von innen durch seinen Heiligen Geist.

7.3 Wir Menschen: Was Weihnachten für uns bedeutet

Vielleicht denkst du jetzt: „Weihnachten hat überhaupt nichts mit uns zu tun, sie ist der Geburtstag von Jesus. Wenn ich meinen Geburtstag feiere, dann geht es auch nur um mich und nicht um jemand anderen!" Es gibt noch einen anderen Weihnachtstext in der Bibel, der aber weniger bekannt ist: *„Habt diese Gesinnung in euch, die auch in Christus Jesus war, der in Gestalt Gottes war und es nicht für einen Raub hielt, Gott gleich zu sein. Aber er machte sich selbst zu nichts und nahm Knechtsgestalt an, indem er den Menschen gleich geworden ist, und der Gestalt nach wie ein Mensch befunden, erniedrigte er sich selbst"* (Philipperbrief 2,5-8a). „Habt diese Gesinnung in euch..." Wir sollen uns am Verhalten von Jesus ausrichten: Jesus „*erniedrigte/entäusserte*" sich, um bei uns zu wohnen. Was heisst das für uns? Weil Jesus sich selbst erniedrigte, können auch wir demütig werden. Gott wirkt diese Demut durch seinen Heiligen Geist. Gerhard Tersteegen hat diesen Umstand treffend so ausgedrückt: „Du willst dich selber, dein Herze der Liebe mir schenken. Sollt nicht mein Sinn, innigst sich freuen darin und sich in Demut versenken?" (RG 404,5). Doch! Anders ausgedrückt: Weil Gott uns liebt, können wir die Balance leben zwischen uns überschätzen und unterschätzen, zwischen Übermut und Selbstzweifel. Ich weiss nicht, wie du zur Demut stehst. Oft kann ich nicht viel mit ihr anfangen. Wer von uns möchte vor anderen demütig erscheinen? Was als Eselsbrücke gelten kann: Im Wort De-mut steckt Mut! Es braucht Mut, um demütig zu sein. „*So viele ihn* [= Jesus] *aber aufnahmen, denen gab er* [= Gott] *das Recht, Kinder Gottes zu werden, denen, die an seinen Namen glauben; die nicht aus Geblüt, auch nicht aus dem Willen des Fleisches, auch nicht aus dem Willen des Mannes, sondern aus Gott geboren sind*" (Johannesevangelium 1,12-13). Mein Vorvorgänger Pfr. Paul Hunziker betonte jeweils den ersten Teil: „*so viele ihn* [= Jesus] *aber aufnahmen, denen gab er* [= Gott] *das Recht, Kinder Gottes zu werden, denen, die an seinen Namen glauben."* Nimm Jesus auf! Er organisierte spezielle Veranstaltungen, an denen Menschen Jesus „*aufnehmen*" konnten, sogenannte Evangelisationen. Mein Vorgänger Pfr. Thomas Hurni betonte jeweils den zweiten Teil: *„die nicht aus Geblüt, auch nicht aus dem Willen des Fleisches, auch nicht aus dem Willen des Mannes, sondern aus Gott geboren sind."* Jesus hat dich angenommen! Es geht nicht um deinen Willen, sondern Gott hat dich neu geboren ohne dein Zutun. Was stimmt jetzt? Beides, es sind die zwei Seiten der gleichen Medaille! Gott will mit uns eine Beziehung führen. Eine Beziehung ist gegenseitig! Gerhard Tersteegen hat dies so ausgedrückt:

A) „Du sollst es sein, den ich erwähle allein" (RG 404,6). Hier wird der Mensch als derjenige beschrieben, der Jesus für sich erwählt.

B) „Mach mich ganz eines mit dir, der du mich liebend erkoren" (RG 404,7). Hier wird Gott genannt, der den Menschen erkoren und auserwählt hat.

C) In einem anderen Lied fasst Tersteegen sogar beide Seiten im gleichen Satz zusammen: „Du hast mich und ich dich erlesen" (RG 662,2). Fazit: Gott macht den ersten Schritt. Er kommt in Jesus persönlich auf uns Menschen zu! Er bietet uns seine Gnade an. Wenn wir mit Gott neu eine Beziehung anfangen oder vertiefen wollen, können wir ihm dies in einem einfachen Gebet mitteilen.

Fragen zum Nachdenken und Diskutieren

A) Was lernst du von der demütigsten Person, die du kennst?

B) Wo fordert dich Gott heraus, demütiger zu leben?

8. Karfreitag und Ostern: Jesus starb für uns – Wir leben für ihn!

8.1 Jesus starb für uns am Karfreitag!

A) Jesus bezeichnete sich selber als „*Sohn Gottes*" (vgl. Johannesevangelium 5,18). Die Hohepriester empfanden diese Aussage als Gotteslästerung. Deswegen schmiedeten sie den Plan, Jesus zu töten. Pontius Pilatus gaben sie an, dass er sich als „*König der Juden*" bezeichnete (vgl. Johannesevangelium 19,7). Ein solcher Titel war verboten, weil der Kaiser in Rom der oberste Chef war und die Römer Judäa besetzt hielten und keinen anderen König neben dem Kaiser duldeten.

B) Jesus rief: „*Mein Gott, mein Gott, warum hast du mich verlassen?*" (Markusevangelium 15,34b). Auf Aramäisch heisst „*mein Gott*" Eli oder Eloi, deswegen meinten die Dabeistehenden, dass er Elia, einen Propheten des Alten Testaments, um Hilfe anrief. Doch Jesus rief seinen himmlischen Vater an. Er fühlte sich von Gott Vater verlassen. Warum? Weil Gott alle unsere Schuld auf seinen Sohn Jesus lud. Ein Hinweis darauf ist die Dunkelheit, die drei Stunden dauerte (vgl. Markusevangelium 15,33).

8.2 Was bedeutet der Tod von Jesus für uns?

Der zweite Punkt handelt davon: Wir leben für ihn. Warum?

A) Jesus ermöglicht uns den Zugang zu Gott durch die Vergebung unserer Sünden: *„Und der Vorhang des Tempels zerriss in zwei Stücke, von oben bis unten"* (Markusevangelium 15,38). Gott zerriss den Vorhang im Tempel in Jerusalem, der das Allerheiligsten vom Heiligtum trennte. Durch dieses Zeichen drückt Gott aus, dass er die Trennung, die zwischen ihm und uns ist, durch den Tod von Jesus überwindet. Die Trennung zwischen Gott und uns ist unsere Sünde (vgl. Jesaja 59,2). An Karfreitag ging die Vorhersage und Verheissung von Jesaja 53 in Erfüllung: *„Jedoch unsere Leiden – er* [= der Knecht des Herrn] *hat sie getragen, und unsere Schmerzen – er hat sie auf sich geladen. Wir aber, wir hielten ihn für bestraft, von Gott geschlagen und niedergebeugt. Doch er war durchbohrt um unserer Vergehen willen, zerschlagen um unserer Sünden willen. Die Strafe lag auf ihm zu unserm Frieden, und durch seine Striemen ist uns Heilung geworden"* (Jesaja 53,4-5). Vielleicht hast du heutzutage Mühe, zu glauben, dass Jesus, der Sohn Gottes, stellvertretend für uns stirbt. Doch Jesus bezeichnet sich selber als *„Lösegeld für viele"* (Matthäusevangelium 20,28; Markusevangelium 10,45): Er erlöst uns von dem Bösen aller Art: Teufel, Tod, Hölle, Welt und Sünde. Der Tod von Jesus ist nicht zufällig, obwohl er heute manchmal von Liberalen als Justizmord hingestellt wird. Jesus selber spricht davon: *„dass alles erfüllt werden muss, was über mich geschrieben steht in dem Gesetz Moses und in den Propheten und Psalmen. […] So steht geschrieben, und so musste der Christus leiden und am dritten Tag auferstehen aus den Toten und in seinem Namen Buße zur Vergebung der Sünden gepredigt werden allen Nationen"* (Lukasevangelium 24,44b.46-47a). Darum *„musste der Christus leiden!"* Der Tod von Jesus war vorherbestimmt! Wir begegnen hier dem göttlichen „*musste*", das unseren Verstand sprengt! Es ist ein Geheimnis. Gott verfolgt einen Errettungsplan. Deswegen konnte der Prophet Jesaja den Tod von Jesus 700 Jahre vorher vorhersagen.

Paulus beschreibt die Vergebung durch Jesus in einem längeren Abschnitt im 2.Korintherbrief: *„Denn die Liebe Christi drängt uns, da wir zu diesem Urteil gekommen sind, dass einer für alle gestorben ist und somit alle gestorben sind. Und für alle ist er gestorben, damit die, welche leben, nicht mehr sich selbst leben, sondern dem, der für sie gestorben und auferweckt worden ist. Daher kennen wir von nun an niemand nach dem Fleisch; wenn wir Christus auch nach dem Fleisch gekannt haben, so kennen wir ihn doch jetzt nicht mehr so. Daher, wenn jemand in Christus ist, so ist er eine neue Schöpfung; das Alte ist vergangen, siehe, Neues ist geworden. Alles aber von Gott, der uns mit sich selbst versöhnt hat durch Christus und uns den Dienst der Versöhnung gegeben hat, nämlich dass Gott in Christus war und die Welt mit sich selbst versöhnte, ihnen ihre Übertretungen nicht zurechnete und in uns das Wort von der Versöhnung gelegt hat. So sind wir nun Gesandte an Christi Statt, indem Gott gleichsam durch uns ermahnt; wir bitten für Christus: Lasst euch versöhnen mit Gott! Den, der Sünde nicht kannte, hat er für uns zur Sünde gemacht, damit wir Gottes Gerechtigkeit würden in ihm"* (2.Korintherbrief 5,14-21).

B) Jesus ermöglicht uns Gespräche mit Gott. In seiner schwersten Stunde rief Jesus zu Gott: *„Mein Gott, mein Gott, warum hast du mich verlassen?"* (Psalm 22,2a). Auch wir dürfen in jeder Situation zu Gott schreien, wenn es uns schlecht geht. Ausserdem zitiert Jesus die Bibel in einem seiner letzten Sätze. Die Bibel tröstet uns. Wenn wir in der Bibel lesen, redet Gott mit uns, weil die Bibel das Wort von Gott ist.

C) Jesus ermöglicht uns Zukunft und Hoffnung: Jesus ist nicht nur gestorben, er ist am dritten Tage auch auferstanden von den Toten! Damit besiegt er Teufel, Tod, Hölle, Welt, Sünde und alles Böse und Schlechte. Ausserdem gibt Jesus und die Hoffnung auf unsere eigene Auferstehung, dass wir nach unserem Tod bei ihm im Himmel weiterleben. Weil Jesus gestorben und auferstanden ist, haben wir als Christen die Überzeugung, die bereits Joseph im Alten Testament hatte, als er zu seinen Brüdern sprach: *„Ihr gedachtet es böse mit mir zu machen, aber Gott gedachte es gut zu machen"* (1.Mose 50,20a). Gott benutzt Probleme, Anfechtungen und sogar das Böse in unserem Alltag, um uns zu formen und für sein Reich tauglich zu machen (vgl. Römerbrief 8,28). Dieser Gedanke tröstet mich jeweils, wenn ich Schwierigkeiten erlebe.

Es gibt unterschiedliche Möglichkeiten, auf den Anspruch von Jesus als unseren König zu reagieren:

A) Entweder Jesus als König abzulehnen wie die Hohepriester, Schriftgelehrten, die römischen Soldaten und die Vorbeigehenden.

B) Oder Jesus als König anzunehmen wie der römische Hauptmann, der unter dem Kreuz stand, alles beobachtete und zum Schluss kam: *„Wahrhaftig, dieser war Gottes Sohn!"* (Markusevangelium 15,54b). Mit einem einfachen Gebet können wir dies tun oder neu befestigen.

Schluss

Ist Gott rachsüchtig? Ist Gott brutal, weil er seinen eigenen Sohn Jesus für uns opfert? Nein! Der Tod von Jesus am Kreuz zeigt uns drei grundlegende Wahrheiten:

A) Die unendliche Grösse der Liebe Gottes zu jedem Menschen (vgl. Johannesevangelium 3,16).

B) Die Grösse des Zornes Gottes über unsere Sünde, die den sündlosen Jesus traf. Gottes Zorn ist ein Ausdruck seiner Gerechtigkeit und Heiligkeit!

C) Die Schwere unserer menschlichen Sünde, die dieses grösst mögliche Opfer, Jesus, den Sohn Gottes, ja Gott selber, nötig machte. Es war die einzige Lösung für das Problem unserer Sünde.

Der Tod von Jesus und seine Auferstehung an Ostern ist das EVANGELIUM, die frohe Botschaft und gute Nachricht! Drei Aspekte des EVANGELIUMS konnten wir näher beleuchten:

A) Jesus ermöglicht uns den Zugang zu Gott durch die Vergebung unserer Sünden!

B) Jesus ermöglicht uns Gespräche mit Gott. Er spricht zu uns durch die Bibel und wir reden mit ihm im Gebet.

C) Jesus ermöglicht uns Zukunft und Hoffnung, dass unser Tod und das Böse nicht das letzte Wort über uns haben.

Jesus ringt um uns, dass wir ihn als König anerkennen und ihm wie der römische Hauptmann voll Vertrauen zurufen: *„Wahrhaftig, dieser war Gottes Sohn!"* (Markusevangelium 15,54b).

Anmerkungen

A) Die Soldaten wollten Jesus Wein vermischt mit Myrrhe zur Beruhigung verabreichen. Doch Jesus wollte nicht davon trinken. Wohl, weil er sonst seine sieben letzten Sätze nicht hätte sprechen können:

a) *„Vater, vergib ihnen! Denn sie wissen nicht, was sie tun!"* (Lukasevangelium 23,34).

b) *„Wahrlich, ich sage dir: Heute wirst du mit mir im Paradies sein!"* (Lukasevangelium 23,43), versprach Jesus dem Schächer, der neben ihm gekreuzigt wurde. In seiner letzten Stunde hatte dieser Verbrecher seine Sünde erkannt und Jesus um Vergebung gebeten.

c) Jesus sprach zu seiner Mutter Maria: *„Frau, siehe, dein Sohn!"*, und zu seinem Jünger Johannes: *„Siehe, deine Mutter!"* (Johannesevangelium 19,26-27). In seiner schwersten Stunde organisierte Jesus einen Aufenthaltsort für seine Mutter, weil es damals noch keine Altersvorsorge gab.

d) *„Mein Gott, mein Gott, warum hast du mich verlassen?"* (Matthäusevangelium 27,46; Markus 15,34; Zitat aus Psalm 22,2). Jesus war in diesem Moment von Gott getrennt, weil Gott die vergangene, gegenwärtige und zukünftige Schuld aller Menschen auf Jesus als schuldlosen Sündenbock lud.

e) *„Mich dürstet!"* (Johannesevangelium 19,28).

f) *„Es ist vollbracht!"* (Johannesevangelium 19,30). Mit seinem Tod ermöglichte Jesus uns die Vergebung unserer Sünden, was sein Hauptauftrag auf der Erde darstellte.

g) *„Vater, in deine Hände übergebe ich meinen Geist!"* (Lukasevangelium 23,46).

B) Sowohl die frommen Juden (Pharisäer, Gesetzeslehrer, Hohepriester), als auch die liberalen Juden (Sadduzäer wie Herodes), als auch die gottlosen Römer (Pilatus und die römischen Soldaten), die Heiden waren und Vielgötterei (Polytheismus) betrieben, haben Jesus an Kreuz gebracht. Weder Fromme noch Unfromme haben eine Entschuldigung!

Fragen zum Nachdenken und Diskutieren

A) Wie erklärst du dir die Stimmungsänderung des Volkes von Palmsonntag, als es Jesus zujubelte, zu Karfreitag, als es ihn kreuzigen wollte?

B) Wie hat die Kreuzigung von Jesus dein Leben verändert?

C) Die Bedeutung des Todes von Jesus für uns wird in der Bibel auf verschiedene Arten beschrieben. Welche kennst du? Welche ist dir am wichtigsten?

D) Gibt es „Vorhänge" in deinem Leben, die dich von Gott trennen? Wie verändert der stellvertretende Tod von Jesus deine Sicht auf diese Vorhänge?

E) Welches war die riskanteste Sache, die du jemals wegen deines Glaubens an Jesus getan hast?

F) Wie erklärst du mit eigenen Worten einem Kollegen, der Jesus noch nicht kennt, die Bedeutung von Karfreitag und Ostern für sein Leben?

9. Auffahrt: Jesus beendet seinen irdischen Auftrag!

„Sie [= die Jünger] nun, als sie zusammengekommen waren, fragten ihn [= Jesus] und sagten: Herr, stellst du in dieser Zeit für Israel das Reich wieder her? Er sprach zu ihnen: Es ist nicht eure Sache, Zeiten oder Zeitpunkte zu wissen, die der Vater in seiner eigenen Vollmacht festgesetzt hat. Aber ihr werdet Kraft empfangen, wenn der Heilige Geist auf euch gekommen ist; und ihr werdet meine Zeugen sein, sowohl in Jerusalem als auch in ganz Judäa und Samaria und bis an das Ende der Erde. Und als er dies gesagt hatte, wurde er vor ihren Blicken emporgehoben, und eine Wolke nahm ihn auf vor ihren Augen weg. Und als sie gespannt zum Himmel schauten, wie er auffuhr, siehe, da standen zwei Männer in weißen Kleidern bei ihnen, die auch sprachen: Männer von Galiläa, was steht ihr und seht hinauf zum Himmel? Dieser Jesus, der von euch weg in den Himmel aufgenommen worden ist, wird so kommen, wie ihr ihn habt hingehen sehen in den Himmel. Da kehrten sie nach Jerusalem zurück von dem Berg, welcher Ölberg heißt, der nahe bei Jerusalem ist, einen Sabbatweg entfernt" (Apostelgeschichte 1,6-12).

„Er führte sie aber hinaus bis gegen Betanien und hob seine Hände auf und segnete sie. Und es geschah, während er sie segnete, schied er von ihnen und wurde hinaufgetragen in den Himmel. Und sie warfen sich vor ihm nieder und kehrten nach Jerusalem zurück mit großer Freude; und sie waren allezeit im Tempel und priesen Gott" (Lukasevangelium 24,50-53).

9.1 Was tat Jesus von Ostern bis zur Auffahrt?

40 Tage lang war Jesus auf der Erde zwischen seiner Auferstehung von den Toten an Ostern und seiner Auffahrt in den Himmel. Was tat Jesus während diesen 40 Tagen? Er erschien seinen Jüngerinnen und Jüngern und unterhielt sich mit ihnen über das Reich Gottes. Dabei erklärte er ihnen mehrere Dinge.

A) Jesus erfüllte viele Vorhersagen/Prophetien im Alten Testament: *„Dies sind meine Worte, die ich zu euch redete, als ich noch bei euch war, dass alles erfüllt werden muss, was über mich geschrieben steht in dem Gesetz Moses und in den Propheten und Psalmen"* (Lukasevangelium 24,44). Jesus zeigte seinen Jüngern viele Stellen im Alten Testament, die von ihm handeln. Zum Beispiel die Stellen aus dem Propheten Jesaja, die vom *„Knecht des Herrn"* (Jesaja 42,1-9; 49,1-6; 50,4-9; 52,1-53,12) handeln. Oder in den Psalmen: *„Er bewahrt alle seine* [= des Gerechten] *Gebeine, nicht eines von ihnen wird zerbrochen"* (Psalm 34,21). Jesus tröstete und ermutigte seine Jünger mit der Bibel. Ebenso tut es Gott auch heute mit uns! Wenn wir in der Bibel lesen, spricht Gott zu uns!

B) Die Jünger von Jesus fragten ihn: *„Herr, stellst du in dieser Zeit für Israel das Reich wieder her?"* (Apostelgeschichte 1,6). Sie fragten ihn, ob er die Römer aus Israel vertreiben würde und ein Reich Gottes mit klar festgelegten geographischen Grenzen errichten werde. *„Er sprach zu ihnen: Es ist nicht eure Sache, Zeiten oder Zeitpunkte zu wissen, die der Vater in seiner eigenen Vollmacht festgesetzt hat"* (Apostelgeschichte 1,7). Jesus drückt damit aus, dass dies wohl geschehen wird, aber erst im 1000-jährigen Reich (vgl. Offenbarung 20,1-6; vgl. Jesaja 11; 65,17-25). Jesus öffnet den Blick der Jünger auf Grösseres: *„Aber ihr werdet Kraft empfangen, wenn der Heilige Geist auf euch gekommen ist; und ihr werdet meine Zeugen sein, sowohl in Jerusalem als auch in* *ganz Judäa und Samaria und bis an das Ende der Erde"* (Apostelgeschichte 1,8). Jesus lenkt den Blick der Jünger weg von den geographischen Grenzen von Israel *„bis an das Ende der Erde."* Die Apostelgeschichte erzählt auch den Weg, den das EVANGELIUM, der Botschaft von und über Jesus, von Jerusalem über Judäa, Samaria bis nach Rom in die damalige Welthauptstadt, geht. Gott sprengt das Vorstellungsvermögen der Jünger! Jesus gibt eine Antwort, die die Jünger nicht erwarten. Aber Jesus gibt keine ja/nein-Antwort. Dies sehen wir auch schon in den Evangelien, dass Jesus nie plumpe ja/nein-Antworten liefert, sondern den Blick auf das Reich Gottes ausweitet, auf sich selber.

9.2 Was bedeutet die Auffahrt von Jesus?

Die Auffahrt von Jesus schliesst seinen Dienst auf dieser Erde ab. An Weihnachten ist Jesus auf die Erde gekommen, an Auffahrt verliess er sie wieder. Um Auffahrt zu erklären, muss ich ein bisschen ausholen und auf das Alte Testament zurückgreifen. Nicht nur Jesus ist von den Toten auferstanden, sondern auch andere Menschen. In der Bibel gibt es acht weitere Berichte von Toten-Auferstehungen, also von Toten, die wieder lebendig wurden.

Im Alten Testament weckt der Prophet Elia den *„Sohn einer Witwe"* (1.Könige 17,17-21) wieder von den Toten auf. Der Prophet Elisa weckt den *„Sohn einer Schunemiterin"* (2.Könige 4,8-37) wieder auf. Ein nicht näher genannter *„Mann"* (2.Könige 13,20-21) wurde wieder lebendig, als er als Leiche in Elisas Grab gelegt wurde.

Im Neuen Testament weckt Jesus den Jüngling von Nain wieder von den Toten auf (vgl. Lukasevangelium 7,11-17). Ausserdem die Tochter des Jaïrus (vgl. Markusevangelium 5,21-43) und seinen

Freund Lazarus (vgl. Johannesevangelium 11,1-45). Der Apostel Petrus weckt das Mädchen Tabita von den Toten auf (vgl. Apostelgeschichte 9,36-42) und der Apostel Paulus einen Mann mit Namen Eutychus (vgl. Apostelgeschichte 20,7-12). Der Name Eutychus heisst: Gutes Schicksal/Glück gehabt! Fazit: Alle diese Menschen sind danach jedoch wieder gestorben – ein zweites Mal.

Jesus ist auch nicht der einzige, der in den Himmel aufgefahren ist. Im Alten Testament gibt es zwei Männer: Henoch (vgl. 1.Mose 5,24; vgl. Hebräerbrief 11,5) und Elia (2.Könige 2,11), die in den Himmel aufgenommen wurden. Beide waren sehr gottesfürchtig.

Wichtig ist: JESUS IST DER EINZIGE, DER SOWOHL AUFERSTANDEN ALS AUCH AUFGEFAHREN IST! Das macht ihn einzigartig. Dies ist die Bedeutung von Auffahrt. Dass Jesus nicht einfach einer von neun Menschen ist, der in der Bibel auferstanden ist, sondern der wahre KÖNIG DER WELT. Jesus ist nicht wieder gestorben, sondern er lebt ewig! In den Psalmen 97 und 99 heisst es: *„Der Herr ist König!"* Auf diesem alttestamentlichen Hintergrund müssen wir die Auffahrt von Jesus auffassen. Markus drückt dies so aus: *„Der Herr wurde nun, nachdem er mit ihnen geredet hatte, in den Himmel aufgenommen und setzte sich zur Rechten Gottes"* (Markusevangelium 16,19).

9.3 Was bedeutet die Auffahrt von Jesus für uns?

Jesus segnete seine Nachfolger! Segnen heist gut reden! Jesus redet seinen Nachfolgern gut zu, er ermutigt uns! Die Auffahrt von Jesus aktivierte seine Jüngerinnen und Jünger: *„Und sie warfen sich vor ihm nieder und kehrten nach Jerusalem zurück mit großer Freude; und sie waren allezeit im Tempel und priesen Gott"* (Lukasevangelium 24,53). Sie tun vier verschiedene Dinge:

A) *„Sie warfen sich vor ihm nieder."* Die Jüngerinnen und Jünger beteten Jesus an. Warum? Sie erkannten, dass JESUS GOTT IST! Jesus ist der Retter. Dies ist der erste Schritt. Dies ist nämlich nicht selbstverständlich: *„Einige aber zweifelten"* (Matthäusevangelium 28,17b), berichtet uns der Evangelist Matthäus am Schluss seines Evangeliums. Unsere Beziehung mit Gott beginnt, wenn wir Jesus als König und Gott annehmen in einem einfachen Gebet. Wenn wir an Jesus zweifeln, ist es gut, nicht zu warten und diese Zweifel mit sich herumzuschleppen, sondern diese Zweifel mutig anzugehen. Es gibt unterschiedliche Möglichkeiten: Mit anderen darüber reden, ein Buch zum Thema lesen oder eine Internetrecherche. Die Bibel bezeugt uns: Jesus ist grösser als unsere Zweifel. Er hält unserem Zweifeln stand. Freundlich lädt er alle Zweifelnden ein, sich zu ihm auf den Weg zu machen und sich selber eine Meinung über ihn zu bilden!

B) „[Sie] *kehren nach Jerusalem zurück mit grosser Freude."* Die Jünger fühlten keine Traurigkeit mehr über den Verlust und die Abwesenheit von Jesus. Jesus hat ihnen dies kurz vor seinem Tod versprochen: *„Auch ihr nun habt jetzt zwar Traurigkeit; aber ich werde euch wiedersehen, und euer Herz wird sich freuen, und eure Freude nimmt niemand von euch"* (Johannesevangelium 16,22). Aber vor der Auferstehung von Jesus verstanden seine Jünger diese Worte noch nicht. Jesus ist in den Himmel aufgefahren. Dafür tröstet uns jetzt der Heilige Geist. Mehr dazu im nächsten Kapitel über Pfingsten.

C) *„Sie waren allezeit im Tempel"*: Sie beteten wohl täglich im Tempel in Jerusalem und feierten Gottesdienst und zu Hause das Abendmahl (vgl. Apostelgeschichte 2,46-47). Für uns ist es eine gute Möglichkeit, Gemeinschaft mit Gott und Christen zu pflegen, indem wir einen Gottesdienst oder Hauskreis besuchen oder einen anderen Anlass unserer Kirchgemeinde wie das Pavillonkaffee oder das Kirchenkaffee.

D) *„Und* [sie] *priesen Gott."* Mit diesem Satz endet das Lukasevangelium. Dies beschreibt zugleich das Endziel, das Gott für uns alle hat: Dass wir ihn loben! Wenn wir an Jesus glauben, werden wir Gott im Himmel loben und preisen in Ewigkeit. Jesus verspricht uns: *„Und wenn ich hingehe und euch eine Stätte bereite, so komme ich wieder und werde euch zu mir nehmen, damit auch ihr* [dort] *seid, wo ich bin"* (Johannesevangelium 14,3).

Schluss

Die Auffahrt von Jesus ist der Abschluss seines Dienstes auf der Erde. Jesus spricht: *„Ich bin von dem Vater ausgegangen und in die Welt gekommen; wieder verlasse ich die Welt und gehe zum Vater"* (Johannesevangelium 16,28). Er hat seinen irdischen Auftrag abgeschlossen. Wenn wir an Jesus glauben, dann wird Gott auch unser Leben so führen, dass wir unseren Auftrag, den Gott uns gibt, erfüllen werden. Deshalb dürfen wir darauf vertrauen, was Paulus an die Philipper schrieb, auch für uns heute gilt: *„Ich bin ebenso in guter Zuversicht, dass der* [= Gott]*, der ein gutes Werk in euch angefangen hat, es vollenden wird bis auf den Tag Christi Jesu* [= bis auf den Jüngsten Tag]*"* (Philipperbrief 1,6).

Anmerkungen

A) Die Auffahrt bezeugt auch, dass Jesus ÜBERNATÜRLICH ist. Einige Menschen zweifeln an der Auferstehung von Jesus und behaupten zum Beispiel, dass er gar nicht gestorben sei, sondern nur ohnmächtig oder im Koma war und am dritten Tag einfach wieder aus dem Grab gekommen ist. Neben der Tatsache, dass die bewaffneten römischen Soldaten dies gar nicht zugelassen hätten (vgl. Matthäusevangelium 28,11-15), wird diese biologistische, mechanistische, materialistische, atheistische Theorie durch die Auffahrt von Jesus für gläubige Christen widerlegt!

B) Die Wolke, die Jesus in den Himmel trug, ist wie die Wolke, die im Alten Testament die Herrlichkeit Gottes verbarg (vgl. 2.Mose 40,34; 1.Könige 8,10-11).

C) In Deutschland ist Himmelfahrt der Vatertag, als Gegenstück zum Muttertag. Er wird mit kleinen Reisen und grossem Alkoholkonsum begangen. Zu dieser fragwürdigen Tradition ist zu sagen: Jesus hilft Männern zu wahrer Männlichkeit, dass sie nicht dem gegenwärtigen Zeitgeist „*gleichförmig*" (Römerbrief 12,2) werden.

Fragen zum Nachdenken und Diskutieren

A) Wie hilft dir die Auffahrt von Jesus, dass du Gott vertrauen kannst, dass er seinen Plan mit dir zu einem guten Abschluss bringen wird?

B) Studiere Psalm 97 und 99. Welche Zusammenhänge zur Auffahrt von Jesus findest du?

10. Pfingsten: Der Heilige Geist kommt!

Jesus spricht: *„Jetzt aber gehe ich hin zu dem, der mich gesandt hat, und niemand von euch fragt mich: Wohin gehst du?, sondern weil ich dies zu euch geredet habe, hat Traurigkeit euer Herz erfüllt. Doch ich sage euch die Wahrheit: Es ist euch nützlich, dass ich weggehe, denn wenn ich nicht weggehe, wird der Beistand nicht zu euch kommen; wenn ich aber hingehe, werde ich ihn zu euch senden. Und wenn er gekommen ist, wird er die Welt überführen von Sünde und von Gerechtigkeit und von Gericht. Von Sünde, weil sie nicht an mich glauben; von Gerechtigkeit aber, weil ich zum Vater gehe und ihr mich nicht mehr seht; von Gericht aber, weil der Fürst dieser Welt gerichtet ist. Noch vieles habe ich euch zu sagen, aber ihr könnt es jetzt nicht tragen. Wenn aber jener, der Geist der Wahrheit, gekommen ist, wird er euch in die ganze Wahrheit leiten; denn er wird nicht aus sich selbst reden, sondern was er hören wird, wird er reden, und das Kommende wird er euch verkündigen. Er wird mich verherrlichen, denn von dem Meinen wird er nehmen und euch verkündigen. Alles, was der Vater hat, ist mein; darum sagte ich, dass er von dem Meinen nimmt und euch verkündigen wird"* (Johannesevangelium 16,5-15). *„Und als der Tag des Pfingstfestes erfüllt war, waren sie alle [= die Jünger] an einem Ort beisammen. Und plötzlich geschah aus dem Himmel ein Brausen, als führe ein gewaltiger Wind daher, und erfüllte das ganze Haus, wo sie saßen. Und es erschienen ihnen zerteilte Zungen wie von Feuer, und sie setzten sich auf jeden Einzelnen von ihnen. Und sie wurden alle mit Heiligem Geist erfüllt und fingen an in anderen Sprachen zu reden, wie der Geist ihnen gab auszusprechen. Es wohnten aber in Jerusalem Juden, gottesfürchtige Männer, von jeder Nation unter dem Himmel. Als aber dieses Geräusch entstand, kam die Menge zusammen und wurde bestürzt, weil jeder Einzelne sie in seiner eigenen Mundart reden hörte"* (Apostelgeschichte 2,1-6).

10.1 Wer ist der Heilige Geist?

Der Heilige Geist ist GOTT! Auf den Heiligen Geist treffen alle Eigenschaften zu, die auch auf Gott den Vater und Gott den Sohn Jesus Christus zutreffen:

A) Der Heilige Geist heisst Heiliger Geist, weil er heilig ist. Heilig bedeutet: Er hat gar rein nichts mit der Sünde, dem Bösen und der Dunkelheit zu tun!

B) Der Heilige Geist ist heilig, allmächtig, allgegenwärtig, allwissend, unsichtbar, ewig, überweltlich (= transzendent).

C) Jesus beschreibt den Heiligen Geist als *„Beistand"* (Johannesevangelium 16,7b). Der Beistand ist der Fürsprecher oder der Helfer; wörtlich: der zur Unterstützung Herbeigerufene. Jesus spricht: *„Doch ich sage euch die Wahrheit: Es ist euch nützlich, dass ich weggehe, denn wenn ich nicht weggehe, wird der Beistand nicht zu euch kommen; wenn ich aber hingehe, werde ich ihn zu euch senden."* Der Heilige Geist lebt in dir, wenn du an Jesus Christus glaubst!

D) Der Heilige Geist ist PERSON, nicht nur eine Kraft. Das ist vielleicht für einige neu oder schwierig zu verstehen! Doch zum Personsein des Heiligen Geistes gehört, dass er spricht und Gefühle hat und *„betrübt"* (Epheserbrief 4,30) wird, wenn wir ihm nicht gehorchen.

10.2 Wie erhalten wir den Heiligen Geist?

Antwort: Wenn wir an Jesus als unseren Herrn und Retter glauben: *„Niemand kann Jesus den Herrn nennen außer durch den Heiligen Geist"* (1.Korintherbrief 12,3b Luther). Warum können wir Jesus nicht Herrn und Retter nennen ohne die Hilfe des Heiligen Geistes? Jesus ist ganz Mensch und ganz Gott. Dies ist das grösste Geheimnis. Für einen logisch denkenden Menschen ist es oft ein unüberwindliches Problem! Die Bibel nennt es ein *„Ärgernis"/ „Skandal"* (1.Korintherbrief 1,23) für viele Menschen, dass der Gottmensch Jesus wegen unserer Sünde sterben und auferstehen musste und uns so wieder mit Gott versöhnte. Der Heilige Geist führt uns zu Jesus und erklärt uns dieses Geheimnis. Jesus drückt dies selber so aus: *„Er* [= der Heilige Geist] *wird mich verherrlichen, denn von dem Meinen wird er nehmen und euch verkündigen."* Mit einem einfachen Gebet können wir Jesus als Herrn und Retter annehmen!

10.3 Was bewirkt der Heilige Geist in unserem Leben?

A) Der erste Schritt, den der Heilige Geist in uns wirkt: Er zeigt uns unsere Sünde auf! Jesus spricht: *„Und wenn er* [= der Heilige Geist] *gekommen ist, wird er die Welt überführen von Sünde […] Von Sünde, weil sie nicht an mich glauben"* (Johannesevangelium 16,8a.9). Als Petrus den Menschen in Jerusalem predigte, kamen am ersten Pfingstfest 3000 Menschen zum Glauben (vgl. Apostelgeschichte 2,41). Warum? Sie erkannten, dass sie schuldig waren vor Gott! Der Heilige Geist zeigt uns nicht nur unsere Schuld auf, sondern er führt uns zu Jesus und er vergibt sie uns! Der Heilige Geist zeigt uns nicht nur das Problem, sondern auch die Lösung! Dies ist das EVANGELIUM, die frohe Botschaft und gute Nachricht!

B) Der zweite Schritt, den der Heilige Geist in uns wirkt: Er erfüllt uns mit sich selbst. Er schenkt uns sich selbst aus Liebe! Wenn der Heilige Geist uns erfüllt, verändert er unseren Charakter grundlegend: *„Die Frucht des Geistes aber ist: Liebe, Freude, Friede, Langmut, Freundlichkeit, Güte, Treue, Sanftmut, Enthaltsamkeit* [oder: Selbstbeherrschung]" (Galaterbrief 5,22-23a).

a) *„Die Frucht des [Heiligen] Geistes ist Liebe"*: Gott der Heilige Geist schenkt uns Liebe für Gott, unsere Mitmenschen und uns selber.

b) *„Die Frucht des [Heiligen] Geistes ist [...] Freude"*: Er schenkt uns Freude, unabhängig von unseren äusseren Umständen. „In dir ist Freude, in allem Leide", wie ein bekanntes Lied beginnt (Cyriakus Schneegass, RG 652,1). „Freude, die von innen kommt, Freude, die mir niemand nimmt" (Feiert Jesus). Dies habe ich selber auch schon erlebt. Heutzutage streben viele Menschen nach irdischem Glück wie beispielsweise nach Reichtum, Karriere, Ehre, dem „perfekten" Partner, einer Ferienwohnung, Traumferien auf den Malediven oder übernatürlichen Erfahrungen in der Esoterik. Doch was wir wirklich brauchen ist die Erfüllung mit dem Heiligen Geist! Alles Irdische und Materielle kann uns sowieso nie die Erfüllung bringen, nach der wir uns so sehr sehnen! Mit einem einfachen Gebet können wir Gott ausdrücken, dass wir mehr von ihm wollen! Bereits die Christen vor uns haben so gebetet: „Komm, Heiliger Geist!" Komm in mein Leben und füll mich ganz! Amen.

C) Gott der Heilige Geist führt uns zur Bibel und spricht durch die Bibel! Wenn der Heilige Geist zu uns spricht, sagt er uns nie etwas, was der Bibel widerspricht! Der Heilige Geist bestätigt die Bibel! Warum? Die Bibel ist das Wort Gottes, das schwarz auf weiss vorliegt.

Der Heilige Geist hat die Bibel „*eingehaucht*"/„*inspiriert*" (2.Timotheusbrief 3,16). In der Bibel hat Gott uns sein eigenes Wesen, seinen Willen und seine Gebote mitgeteilt. In der Bibel stehen unter anderem die Zehn Gebote (2.Mose 20; 5.Mose 5). Diese sind die Zusammenfassung der Gottesliebe, Nächstenliebe und Selbstliebe/Selbstannahme. Wenn der Heilige Geist persönlich zu dir spricht, kann er dir nichts sagen, was über die Zehn Gebote und die Gottes-, Nächsten- und Selbstliebe hinausgeht. Es lohnt sich, vor dem Bibellesen den Heiligen Geist zu bitten, uns die Bibel zu erklären. Der Heilige Geist macht uns die Bibel verständlich.

D) Der Heilige Geist ist das Benzin für unser christliches Glaubensleben. Er rüstet uns aus! Er befähigt uns! Damals gab er den Jüngern die Gabe, in fremden Sprachen zu reden! Heute schenkt er uns Mut, auf verschiedene Arten Jesus als Herrn zu verkünden! Er schenkt uns die Kraft und den Willen, unser Leben nach der Bibel auszurichten! Er kann dies, weil er in uns lebt!

Schluss

Der Heilige Geist lebt in dir, wenn du an Jesus Christus glaubst! Jesus spricht: *„Wenn aber jener, der Geist der Wahrheit, gekommen ist, wird er euch in die ganze Wahrheit leiten; denn er wird nicht aus sich selbst reden, sondern was er hören wird, wird er reden, und das Kommende wird er euch verkündigen. Er wird mich verherrlichen"* (Johannesevangelium 16,13-14a).

Anmerkungen

A) Der Heilige Geist kommt bereits im Alten Testament vor. Hier einige Stellen: 1.Mose 1,2; Hesekiel 36,25-27; Joel 3,1-2. Im Neuen Testament: Römerbrief 8,1-17.

B) Das jüdische Pfingstfest ist ein Erntedankfest und zugleich das Fest zur Erinnerung daran, dass Gott dem Mose die Thora, die fünf Bücher Mose, diktiert hat. Mit anderen Worten ausgedrückt: Das jüdische Pfingstfest ist das Bibelfest. Und genau an diesem Bibelfest kommt der Heilige Geist auf die Christen! Die Bibel und der Heilige Geist gehören also untrennbar zusammen!

Fragen zum Nachdenken und Diskutieren

A) Wie erlebst du den Heiligen Geist? Wie greift er in dein Leben ein?

B) Wünschest du dir, dass der Heilige Geist noch mehr in deinen Alltag eingreift? Was tust du dafür?

C) Hast du das Gefühl, dass du in einem bestimmten Bereich deines Lebens den Heiligen Geist betrübst? Was solltest du unterlassen?

11. Liebe und Wahrheit leben!

In diesem Kapitel werden wir auf den 2. und 3.Johannesbrief eingehen: Beide Briefe passen auf ein einziges Papyrusblatt. Was mich so fasziniert am 2. und 3.Johannesbrief: Auf je einer Seite hat das EVANGELIUM Platz, die frohe Botschaft und gute Nachricht! Emil Brunner, der 1912 Vikar in Leutwil war, hat dies so zusammengefasst: „Wenn das EVANGELIUM nicht auf einer Postkarte Platz hat, ist es nicht mehr das Evangelium."

Die Wörter „Liebe" und „Geliebter" kommen in diesen zwei kurzen Briefen zehnmal und die Wörter „Wahrheit" und „wahr" sogar zwölfmal vor! Deshalb lag es nahe, dieses Kapitel anhand von Liebe und Wahrheit zu gliedern:

11.1 Jesus ist die Wahrheit und Liebe in Person

A) Jesus ist die Wahrheit in Person. Er spricht: *„Ich bin der Weg und die Wahrheit und das Leben. Niemand kommt zum Vater als nur durch mich"* (Johannesevangelium 14,6). Jesus ist die subjektive und objektive Wahrheit. Jesus ist die objektive Wahrheit, wie 2 und 2 = 4. Und er ist auch die subjektive Wahrheit, also für dich und mich, dass Jesus die Wahrheit und der Retter ist.

B) Jesus ist auch die Liebe in Person: *„Gott ist die Liebe"* (1.Joh 4,8.16). Weil Jesus der Sohn von Gott ist, ist er selber auch Gott. *„Ich und der Vater sind eins"* (Johannesevangelium 10,30). Deswegen ist Jesus selber auch Liebe. Jesus hat alle Menschen geliebt: sogar diejenigen, die von der Gesellschaft ausgestossen waren wie die Prostituierten und die Zöllner, die Abzocker waren. Jesus hat die Liebe Gottes gelebt, sogar die Feindesliebe: Aus Liebe sprach er oft mit seinen Gegnern, den Pharisäern und Schriftgelehrten.

C) Damit nicht genug! Jesus ist Gott „*im Fleisch*" (2.Joh 7): Er ist ganz Gott und ganz Mensch. Dies ist das Zentrum des christlichen Glaubens: Jesus Christus! Deswegen schreibt Johannes: „*Jeder, der weitergeht und nicht in der Lehre des Christus bleibt, hat Gott nicht; wer in der Lehre bleibt, der hat sowohl* [Gott] *den Vater als auch den Sohn*" (2.Joh 9).

Wie können wir Jesus für uns persönlich in Anspruch nehmen, dass er subjektiv für uns die Wahrheit, Liebe und Gott wird? Wir können mit Jesus reden im Gebet und ihn bitten, dass er in unser Leben kommen soll. Dann wird er sich uns zeigen und unser Leben für immer verändern.

11.2 Wie wir wahre und liebende Gastfreundschaft leben können

Die Gastfreundschaft bezieht sich im 2. und 3.Johannesbrief auf die Aufnahme umherreisender Prediger. Damals gab es umherreisende Prediger, die das EVANGELIUM, die frohe Botschaft und gute Nachricht von Jesus, verbreiteten. Solch umherreisende Prediger nahmen kein Geld „*von den Heiden*" an, das heisst sie verlangten von den heidnischen Zuhörern keinen Lohn für ihre Predigt. Dies hatte verschiedene Gründe:

A) Sie befolgten die Aufforderung von Jesus: „*Umsonst habt ihr empfangen, umsonst gebt* [das Evangelium *weiter*]!" (Matthäusevangelium 10,8b).

B) Sie wollten klarstellen, dass man die Rettung durch Jesus nicht kaufen kann.

C) Es ging es ihnen nicht darum, reich zu werden.

D) Sie vertrauten fest darauf, dass Gott sie mit allem Lebensnotwendigem versorgt.

Die Christen hatten nun allerdings die Pflicht und die Aufgabe, solche umherreisenden Prediger mit Geld zu unterstützen, damit sie auf ihren Reisen weiterhin Essen, Übernachtungen und Schifffahrten bezahlen konnten.

Johannes lobt seinen Freund Gajus, weil er solche umherreisenden Prediger gastfreundlich aufnahm, sogar solche, die ihm total fremd waren: *„Geliebter, treu handelst du in dem, was du an den Brüdern, sogar an fremden, tust"* (3.Joh 5).

A) Damals gab es nicht nur umherreisende Prediger, die Jesus als Retter verkündeten, sondern auch Irrlehrer, die behaupteten, dass Jesus gar nicht ganz Mensch und ganz Gott ist. Deshalb warnt uns Johannes auch vor der Gefahr, nur Liebe und Gastfreundschaft zu üben, aber keine Wahrheit zu leben: *„Denn viele Verführer sind in die Welt hinausgegangen, die nicht Jesus Christus, im Fleisch gekommen, bekennen; dies ist der Verführer und der Antichrist"* (2.Joh 7). *„Wenn jemand zu euch kommt und diese Lehre* [Jesus ist im Fleisch gekommen] *nicht bringt, so nehmt ihn nicht ins Haus auf und grüßt ihn nicht! Denn wer ihn grüßt, nimmt teil an seinen bösen Werken"* (2.Joh 10-11).

Die Kirchgemeinden sollten also keinesfalls umherreisende Irrlehrer aufnehmen. Sonst verlieren sie den Glauben an Jesus. Heutzutage gibt es weniger umherreisende Prediger, sondern oft selbsternannte Experten, die uns mit den neuesten Studien von irgendetwas überzeugen wollen.

Was heisst das für ein Kind? Was heisst das eine Teenagerin? Was heisst das für eine Hausfrau und für einen einen Manager? Was heisst das für Senioren? Es heisst für uns alle das Gleiche: Dass wir alles anhand der Bibel prüfen (vgl. 1.Thessalonicherbrief 5,21). Gott gibt uns die Bibel als Massstab für unser Leben. Die Bibel ist das Wort Gottes, das schwarz auf weiss vorliegt. Wenn wir in der Bibel lesen, spricht Gott zu uns. Deswegen ist es auch so hilfreich, täglich in der Bibel zu lesen.

Es kann auch sein, dass wir merken, dass wir uns von gewissen Menschen auf gesunde und freundliche Art abgrenzen müssen, weil sie uns und unserem Glauben und Jesusvertrauen mit ihrer Irrlehre schaden. Gott warnt uns: *„Glücklich der Mann [= Mensch], der nicht folgt dem Rat der Gottlosen, den Weg der Sünder nicht betritt und nicht im Kreis der Spötter sitzt, sondern seine Lust hat am Gesetz des HERRN und über sein Gesetz sinnt Tag und Nacht!"* (Psalm 1,1-2).

B) Johannes warnt uns auch vor der Gefahr, nur Wahrheit zu üben, aber keine Liebe zu leben. Er verweist dabei auf einen Mann mit Namen Diotrephes. Johannes schreibt: *„Ich habe der Gemeinde etwas geschrieben, aber Diotrephes, der gern unter ihnen der Erste sein will, nimmt uns nicht an. Deshalb, wenn ich komme, will ich seine Werke in Erinnerung bringen, die er tut, indem er mit bösen Worten gegen uns schwatzt; und sich hiermit nicht begnügend, nimmt er selbst die Brüder nicht an und wehrt auch denen, die es wollen, und stößt sie aus der Gemeinde"* (3.Joh 9-10). Diotrephes hat die umherreisenden Prediger nicht aufgenommen. Er übte keine Gastfreundschaft und stösst sogar die Christen aus seiner Kirchgemeinde, die solche umherreisenden Prediger aufnehmen wollen. Vielleicht ging es Diotrephes sogar um die Wahrheit des Glaubens, aber er vergass dabei, Liebe zu leben. Er handelte lieblos.

„Wir nun sind schuldig, solche aufzunehmen, damit wir Mitarbeiter der Wahrheit werden" (2.Joh 8). Wie können wir dies umsetzen? Wir müssen nicht alle umherreisende Prediger werden, sondern

können zum Beispiel Missionare mit unserem Geld unterstützen oder für sie beten. Wenn ich jeweils Missionare frage, was sie am meisten brauchen, antworten sie mir: „Bitte bete für uns!" Gebet wirkt, weil Gott Gebete erhört. So werden wir *„Mitarbeiter der Wahrheit"*, wir arbeiten mit im Reich Gottes. Wir sind ein Teil davon. Wie können wir gastfreundlich sein? Wir können beispielsweise unsere nichtchristlichen Nachbarn zum Essen einladen und so unsere Beziehung zu ihnen vertiefen. „Liebe geht ja bekanntlich durch den Magen!"

11.3 Wie wir in der Wahrheit und Liebe wandeln können

Johannes schreibt sowohl im 2. als auch im 3.Johannesbrief, dass er sich sehr freut, dass Menschen an Jesus glauben:

A) *„Ich habe mich sehr gefreut, dass ich von deinen Kindern einige gefunden habe, die in der Wahrheit wandeln"* (2.Joh 4a).

B) Johannes schreibt über seinen Freund Gajus: *„Denn ich habe mich sehr gefreut, als Brüder kamen und für deine Wahrheit Zeugnis gaben, wie du in der Wahrheit wandelst"* (3.Joh 3).

Für jeden Christen und für jeden Pfarrer ist es das Schönste, zu erfahren, dass Menschen beginnen, an Jesus zu glauben und auch *„in der* [christlichen] *Wahrheit wandeln."*

Johannes verknüpft die Wahrheit mit dem Gebot der Nächstenliebe: *„Und dies ist die Liebe, dass wir nach seinen Geboten wandeln. Dies ist das Gebot, wie ihr es von Anfang an gehört habt, dass ihr darin wandeln sollt"* (2.Joh 6). Jesus fasst das wichtigste Gebot so zusammen: *„Liebe Gott [...] und deinen Nächsten wie dich selbst"* (vgl. Matthäusevangelium 24,38-42). Dies ist die Zusammenfassung der Zehn Gebote und der ganzen

Bibel: *„Liebe Gott […] und deinen Nächsten wie dich selber!"* Die Liebe ist das Wichtigste. Jedes kleine Kind kann dies verstehen, aber kein Erwachsener kann sich ganz daran halten!

Die Liebe, mit der Gott uns liebt, und die Nächstenliebe, mit der wir unseren Nächsten lieben sollen, sind die zwei Seiten der gleichen Medaille! Wir wollen eigentlich nur die Liebe Gottes, aber die Nächstenliebe gehört auch dazu. Jesus wirkt in uns, dass wir dies auch erfüllen können und wollen und unseren Nächsten lieben. Wir müssen die Liebe zu Gott, unseren Nächsten und uns selber nicht selber produzieren, sondern Gott der Heilige Geist schenkt sie uns (vgl. Galaterbrief 5,22-23).

Wie können wir Liebe und Wahrheit leben? Wir können zum Beispiel einen Gebetsspaziergang unternehmen und mit Gott reden. Natürlich muss man aufpassen, dass man nicht abgelenkt wird vom Zwitschern der Vögel und vom Nachbarn, der gerade seinen Rasen mäht. Bereits Mönche im Mittelalter sind zum Gebet in den Kreuzgängen spaziert.

Schluss

Wie kann Johannes, der Apostel der Liebe, der die ganze Zeit von der Liebe Gottes und der Nächstenliebe spricht, solche Sätze lancieren wie: *„Wenn jemand zu euch kommt und diese Lehre nicht bringt, so nehmt ihn nicht ins Haus auf und grüßt ihn nicht"* (2.Joh 10). Es geht ihm um beides: Sowohl um die Wahrheit als auch um die Liebe. Liebe ohne Wahrheit ist Heuchelei und Gefühlsduselei, Wahrheit ohne Liebe ist hartherzig und kalt. Gott hilft uns durch Gebet, Bibellesen und seinen Heiligen Geist, den richtigen Mittelweg zu finden zwischen beiden Extremen: Gar keine liebende Gastfreundschaft zu leben und einfach alle Irrlehrer aufzunehmen.

Anmerkungen

A) Johannes stellt uns einen solchen umherreisenden Prediger mit Namen Demetrius vor: *„Dem Demetrius ist Zeugnis gegeben worden von allen und von der Wahrheit selbst; aber auch wir geben Zeugnis, und du weißt, dass unser Zeugnis wahr ist"* (3.Joh 12). Der 3.Johannesbrief ist auch ein Empfehlungsschreiben für ihn.

B) Wie können wir feststellen, ob jemand das EVANGELIUM richtig predigt? Paulus schreibt: *„Prüft aber alles, das Gute haltet fest!"* (1.Thessalonicherbrief 5,21). Anhand der Bibel können wir prüfen, ob jemand die Wahrheit über Jesus lehrt und *„in der [christlichen] Lehre bleibt"* (2.Joh 9b) oder ob er sich an den (gottlosen) Zeitgeist anpasst (vgl. Römerbrief 12,2).

C) *„Es grüßen dich die Freunde. Grüße die Freunde mit Namen!"* (3.Joh 15). Johannes lässt alle persönlich grüssen. Ebenso kennt Gott uns alle mit Namen: *„Aber jetzt, so spricht der HERR, der dich geschaffen, Jakob, und der dich gebildet hat, Israel: Fürchte dich nicht, denn ich habe dich erlöst! Ich habe dich bei deinem Namen gerufen, du bist mein"* (Jesaja 43,1).

Fragen zum Nachdenken und Diskutieren

A) Empfindest du Wahrheit und Liebe als Gegensatz oder als Ergänzung? (vgl. Gruppenbibel, S. 948).

B) Kann es nötig sein, den Kontakt zu jemandem zu reduzieren oder abzubrechen, weil dein Glaube sonst auf dem Spiel steht? (vgl. Gruppenbibel, S. 948).

C) Welcher Person deiner Kirchgemeinde willst du die Warnung *„Seht auf euch selbst"* (2.Joh 8) zurufen? In welchem Bereich deines Lebens solltest du gut auf dich selber aufpassen? (vgl. Gruppenbibel, S. 948).

D) Fällt es dir leicht oder schwer, dein Haus oder deinen Hauskreis für neue Menschen zu öffnen? (vgl. Gruppenbibel, S. 950).

E) Welche Erfahrung hast du mit Menschen gemacht, die immer die ersten sein wollen? Wie kann eine Kirchgemeinde ihnen begegnen? (vgl. Gruppenbibel, S. 950).

F) Worauf achtest du, wenn du eine enge Freundschaft aufbaust (Johannes und Gajus waren Freunde)? Wem und wie kannst du ein guter Freund sein? (vgl. Hauskreisbibel, S. 1879).

Schlusswort oder: Wie weiter?

Wenn dir das Lesen dieses Buches Gewinn gebracht hat und du dir die Frage stellst: Wie kann es weiter gehen? Dann empfehle ich dir, selber die Bibel zu lesen. Am besten beginnst du bei 1.Mose, den Psalmen, einem der vier Evangelien, dem Galaterbrief, dem 1.Petrusbrief oder dem 1.Johannesbrief. Folgende Fragen können dir dabei helfen:

A) Was steht dort geschrieben?

B) Was bedeutet das für mich?

C) Wie kann ich das Erkannte praktisch in meinem Leben umsetzen?

D) Wem kann ich davon erzählen?

Gott spricht zu uns durch die Bibel und im Gebet sprechen wir mit ihm. Im Gottesdienst und im Hauskreis ermuntern wir einander und Gott ermutigt uns.

Danksagungen

Herzlich danke ich Pfr. Rolf Nünlist für seine Anmerkungen zum Manuskript.

Grosser Dank geht an meine Frau Christina, die mich immer unterstützte.

Der grösste Dank gebührt dem dreieinigen Gott, der mich *ergriffen* hat, sodass ich ihn *ergreifen* konnte!

Hintergrundinformationen
1. Predigt am 29.08.2010 in der Kirche Egliswil und in der Turnhalle Hallwil.
2. Predigt am 10.07.2011 in Meisterschwanden.
3. Predigt am 06.01.2013 in Villmergen.
Es war die erste Predigt, die (meine spätere Frau) Christina von mir hörte. Sie verliebte sich sofort in mich! ☺
4. Predigt am 26.05.2013 in Villmergen.
5. Predigt am 06.10.2013 in Meisterschwanden.
6. Predigt am 24.12.2015 in Leutwil.
7. Predigt am 25.12.2015 in Dürrenäsch.
8. Predigt am 25.03.2016 in Leutwil.
9. Predigt am 05.05.2016 in Leutwil.
10. Predigt am 15.05.2016 in Dürrenäsch.
11. Predigt am 31.01.2016 in Leutwil.

Quellenverzeichnis

Bücher

Augustinus, Aurelius. Vom Gottesstaat. München: DTV. 2007.

Die Gruppen Bibel. Giessen: Brunnen. 2004.

Die Hauskreisbibel. Witten: SCM R.Brockhaus. 2.Aufl. 2014.

Goethe, Johann Wolfgang von. Faust I. Stuttgart: Reclam.

Luther, Martin. WA 48,241.

Magnis, Esther Maria. Gott braucht dich nicht. Eine Bekehrung. Hamburg: Rowohlt. 2012.

Film

Gibson, Mel. Die Passion Christi. 2004.

Lieder

Schneegass, Cyriakus. In dir ist Freude, in allem Leide. 1598. RG 652.

Tersteegen, Gerhard. Ich bete an die Macht der Liebe. 1751+1757. RG 662.

Tersteegen, Gerhard. Jauchzet, ihr Himmel. 1731. RG 404.

Onlineartikel

Silesius, Angelus. Der cherubinische Wandersmann.
http://gutenberg.spiegel.de/buch/cherubinischer-wandersmann-3776/1.
22.07.2016.

The Loneliness of John D. Rockefeller. Current Literature, November 1906. Band 41. Nr. 5.

Wikipediaartikel „Souverän". 24.12.2015.

Verfasser

Michael Freiburghaus, Jahrgang 1986, Theologiestudium in Riehen, Leuven, Bern und Zürich. Offizier (Leutnant) der ABC-Abwehrtruppen. Präsident der Schweizerischen Traktatmission. Seit 2015 reformierter Pfarrer in Leutwil und Dürrenäsch, Schweiz.

Weitere Bücher von ihm im gleichen Verlag:

- Gott liebt dich!
  10 Predigten zum 1.Johannesbrief.

- Jesus ist das Evangelium!
  Solothurner Predigten 2013-2014.

- Jesus: Volkskirche und Anstoss!
  Zürcher Predigten 2014-2015.

- Welches sind die Gemeinsamkeiten und Unterschiede zwischen dem Alten und Neuen Testament?
  Ein Überblick.

Himmel und Erde werden vergehen,
doch Gottes Wort bleibt bestehen!

Die Ewigkeit ist unendlich zu kurz,
um Gottes Liebe zu loben!